냥토스 @nyantostos

▶ 수의사 냥토스의 고양이 토막 상식 ◀

[고양이의 몸]

고양이의 신체 능력과 지능을 비유하면 다음과 같습니다.

1. 시속 40km 이상으로 달릴 수 있다.
2. 빌딩 2층 높이까지 뛰어오르거나 내릴 수 있다.
3. 지능 수준이 인간의 3세 아이 정도이다.

이처럼 고양이는 놀라운 신체 능력과 더불어 생각 이상으로 호기심과 흥미가 왕성한 동물입니다. 인간이 결코 만만하게 상대할 존재가 아니기에, 집사의 방심은 곧 사고로 이어질 수 있습니다. 그러니 특히 주방이나 욕실 출입, 장난감 보관 등에는 좀 더 주의를 기울여주세요!

냥토스 @nyantostos

▶ 수의사 냥토스의 고양이 토막 상식 ◀
[고양이와 집사]

연구 결과에 따르면, 고양이와 함께 장난감으로 놀거나 고양이를 쓰다듬으면 인간의 체내에서는 행복 호르몬인 '옥시토신(Oxytocin)' 분비가 늘어납니다. 반면 고양이는 인간과 함께 있어도 '옥시토신' 분비가 늘어나지 않는다고 하네요. 고양이에 대한 인간의 사랑은 일방통행인 걸까요!?

하지만 자신을 애타게 부르는 목소리에도 뻔뻔스럽게 고개는 돌리지만 귀는 쫑긋 반응한다거나, 벌러덩 누워 편안하게 자는 모습을 보면 고양이 역시 인간과 함께 하는 삶에서 행복을 느끼고 있다고 생각합니다. 앞으로도 더욱더 행복한 고양이로 살 수 있게 고양이를 확실히 이해하고, 반려인으로서 할 수 있는 것을 실천하고 싶네요!

건강한 고양이부터 아픈 고양이까지,
영양·검진·생활환경·행동학 등에서 최신 연구를 담은!

고양이 집사 매뉴얼

Original Japanese title:
JUI NYANTOSU NO NEKO WO MOTTO SHIAWASE NI SURU "GEBOKU" NO KYOKASHO
Copyright © 2021 Jui Nyantosu, Eiko Oki
First published in the original japanese language by Futami Shobo Publishing Co., Ltd.
Korean translation rights arranged with Futami Shobo Publishing Co., Ltd.
through The English Agency (Japan) Ltd. and Danny Hong Agency

이 책의 한국어판 저작권은 대니홍 에이전시를 통한
저작권사와의 독점 계약으로 서사원주식회사에 있습니다.
저작권법에 의해 한국 내에서 보호를 받는 저작물이므로 무단전재와 복제를 금합니다.

고양이
집사 매뉴얼

건강한 고양이부터 아픈 고양이까지,
영양·검진·생활환경·행동학 등에서
최신 연구를 담은!

수의사 냥토스 글
오키에이코 그림
박제이 번역

서사원

【집사】
고양이의 진정한 행복을 추구하며 한없는 애정을 쏟는 사람.
또 그렇게 함으로써 더없는 기쁨을 느끼는 사람.

머리말

고양이는 어쩌면 이토록 매력덩어리일까!

생긴 모습은 물론이고 다가와 쓱쓱 몸을 문지르는 행동도, 자는 모양새도 귀엽다. 집사가 집에 돌아오면 마중 나와 주거나 욕실 문 앞에서 나오기를 기다리는 건 또 어떻고? 긴장하면 땀으로 촉촉해지는 발바닥 젤리도, 방을 청소할 때 이따금 나오는 수염도 좋다. 일거수일투족 모두가 몹시도 사랑스럽다.

이 책 『고양이 집사 매뉴얼』을 집어 든 당신 역시 이미 완전히 고양이의 노예가 되어 버렸으리라. 우리의 사랑스러운 털북숭이가 언제까지고 건강했으면, 우리 곁에 조금이라도 더 오래 머물렀으면, 그리고 늘 행복했으면 하는 것은 모든 집사의 한결같은 바람 아니겠는가.

그런데 과연 우리는 고양이를 올바르게 사랑하고 있을까?
예를 들어, 다음 사항을 읽고 짚이는 일이 있는지 살펴보자.

- **고양이는 육식동물이므로 곡물이 들어가지 않은 그레인 프리**^{Grain Free,곡물 알레르기를 최소화하기 위해 옥수수, 쌀 등을 넣지 않고 만든 무곡물 반려동물 사료} **식사를 먹이고 싶다.**

- 화장실 청소를 손쉽게 하려고 자동(시스템) 화장실이나 종이 재질의 고양이 모래를 쓰고 있다.
- 고양이가 귀여울 때마다 강제로 붙잡아 억지로 얼굴을 파묻거나 마구 만진다.

이것은 정말로 고양이에게 좋은 것일까?

나, 냥토스는 몇 년 동안 임상 수의사로 일했고 현재는 수의료 발전에 보탬이 되고자 일본의 한 연구소에서 연구원으로 일하며 실험과 논문 집필로 바쁜 하루하루를 보내고 있다. 몸은 녹초가 되어 귀가하는 날이 많지만 반려묘인 고등어 무늬 '냥짱'이 한결같이 "보고 싶었다옹~" 하며 맞이해주는 모습에 귀여워 기절하지 않는 날이 없을 정도다.

그런 냥짱이 '조금이라도 행복하고 오래 살았으면' 하고 바라는 마음은 다른 반려인과 다름이 없으리라. 더불어 고양이와 생활하면서 생겨나는 고민이나 의문 역시 다른 반려인과 마찬가지일 것이다.

조금 다른 면이 있다면 나는 수의사로서의 경험이나 지식이 있고, 연구원 생활을 하며 길러온 검색 능력을 100% 활용해 고양이에 관한 최신 과학 논문을 읽을 수 있는 집사라는 점이다.

이 책 『고양이 집사 매뉴얼』은 그런 수의사 냥토스가 반려묘를 위해 무엇을 조심하며 실제로 어떻게 하고 있는지 올바른 지식과 경험 모두를 전하기 위해 썼다. 세상에서 반려묘를 가장 사랑하는 당신을 '고양이를 더욱 행복하게 해줄 수 있는 집사'로 만들어 주는 책인 셈이다.

그러므로 이 책은 그동안 수의사들이 쓴 '고양이에 관한 실용서'와는 조금 다르다. 어디까지나 고양이를 모시고 사는 한 사람의 '집사'로서 "냥토스네는 이렇게 하고 있답니다" 식의 이야기를 섞어가며 실제로 반려인들이 매일 하는 고민과 의문에 답하는 책이다.

집사라면 내 고양이가 '이 사람을 집사 삼길 잘했다옹~' 하고 느끼는 하루하루를 만들어 주는 것이 더할 나위 없는 바람이리라. 이 책 『고양이 집사 매뉴얼』을 읽으면 잘못된 정보에 현혹되지 않고 자신 있게 고양이를 사랑할 수 있게 될 것이다. 그 점에서 이 책이 조금이라도 도움이 된다면 무척 기쁠 것 같다.

수의사 냥토스

살쾡이 시절의 흔적
링크스 팁 Lynx Tips

고양이의 귀 끝에 난 짧은 털이 보이는가? 이를 '링크스 팁'이라고 한다. 살쾡이 시절의 흔적으로, 미세한 공기의 흐름이나 소리를 감지하여 사냥할 때 도움이 되었다고 한다. 메인 쿤, 노르웨이숲 등 대형 고양이에게 특히 많이 보인다.

수염이 총총 나 있는 뽕주둥이
휘스커 패드 Whisker Pad

'휘스커 패드'는 고양이의 수염을 지탱하는 중요한 부분이다. 혈류가 풍부해 감각신경이 많이 분포한다. 귀여움은 물론 뛰어난 기능까지 탑재한 부위다. 고양이가 수염을 센서처럼 쓸 수 있는 이유가 이 휘스커 패드 덕분이다.

사냥감을 놓치지 않는
동그란 눈

고양이는 몸은 작은데 안구의 크기는 인간과 거의 비슷하다. 심지어 동공은 인간의 3배 정도 더 열린다. 그래서 눈동자가 동글동글하다. 이는 어둠 속에서 사냥감을 놓치지 않기 위해서라는데, 어쩜 사람의 마음마저 사로잡은 건지!

실은 빗 역할?
너무도 앙증맞은 앞니

고양이의 앞니는 아주 아주 작고 귀엽다. '이렇게 작은데 어디에다 쓰는 거지?'라고 생각할지 모르지만, 그루밍할 때 털을 물고 쓰다듬으며 빗처럼 활용한다고 한다.

털빛과 상관이?
발바닥 젤리

모두가 사랑해 마지않는 고양이 발바닥 젤리! 다양한 색이 있는데 젤리 색은 털빛이나 무늬에 좌우된다. 흰 고양이처럼 털빛이 옅은 고양이는 분홍 젤리가 많고, 반대로 검은 고양이나 고등어 무늬 고양이는 검은색이나 포도색 젤리가 많다. 재미있는 것은 '턱시도냥이' 같은 얼룩 고양이는 젤리도 두 가지 색이 섞여 있다는 점이다.

사냥감의 움직임을 감지
앞발에도 수염이?

수염은 얼굴 주변에만 있지 않냐고? 앞발에도 수염이 나 있다. 이 수염은 사냥감의 움직임을 감지하기 위한 것으로 육식동물의 특징이라고 한다.

우선은 '집사의 소양'으로 알아 두면 좋은

자세히 살펴보는 고양이의 몸

귀여움으로 집사의 마음을 쥐락펴락하는 고양이의 몸에는 의외로 기능적인 부분이 가득하다. 그러니 우리 집 고양이를 꼭 찬찬히 관찰해보기를 바란다.

세상에서 가장 귀여운
고양이 땅콩

의학적으로는 '정소' 혹은 '음낭'이라고 부르지만, 동글동글 보송보송한 생김새 때문에 '고양이 땅콩' '고양이 뽕알'이라는 애칭으로 더 많이 부른다. 이런 민망한 부위까지 귀여운 고양이는 정말 신이 아닐까? 하지만 중성화 수술은 꼭 해주기를!

행복을 부르는?
굽은 꼬리

행복을 부른다는 '끝이 살짝 굽은 꼬리'는 일본에 특히 많다고 한다. 끝이 굽은 꼬리가 사랑받은 이유는 에도 시대에 '꼬리가 긴 고양이는 요괴(네코마타, 일본의 민담 등에 등장하는 고양이 요괴)가 된다'라는 소문이 났기 때문이라나? 집사라면 오히려 오래오래 살아 꼭 네코마타가 되어 주었으면 하는 심정인데!

배가 출렁출렁
원시 주머니 Primordial Pouch

배의 처진 부분을 '원시 주머니'라고 한다. 상대 고양이의 발차기에 배를 지키거나 피부를 처지게 함으로써 뒷다리의 가동성을 넓히는 역할이 있다고 한다. 현재 뚱냥이거나 과거에 뚱냥이였던 고양이에게 좀 더 눈에 띄는 경향이 있는데, 그렇지 않은 고양이에게도 원시 주머니는 있다.

머리말 ··· 5
자세히 살펴보는 고양이의 몸 ··· 9

제 1 장

식사

인터넷 순위는 오류투성이니 주의하자	··· 18
과도한 '그레인 프리 신앙'을 조심하자	··· 20
'힐스'와 '로얄캐닌'을 추천하는 이유는?	··· 23
건식과 습식을 '혼합 급여' 하자	··· 26
밥 주는 횟수를 '4회 이상'으로 나누면 장점이 더 많다	··· 29
• 냥토스네에서는 이렇게 해요!	··· 32
고양이는 미각보다 후각으로 '맛'을 판단한다	··· 33
노령 고양이는 체질 변화에 맞추어 식사를 제공하자	··· 35
반려인의 자의적 판단으로 처방식을 먹이면 위험하다	··· 38
그 수제 밥, 먹이기 전에 한 번 더 생각하자	··· 41
간식이 반드시 나쁘지는 않다	··· 43
영양제 및 보조제는 오남용에 주의하자	··· 46
일러스트 담당 오키에이코의 알려줘요! 냥토스 선생님 첫 번째!	··· 49

제 2 장
건강과 장수

바깥에 내보내는 것만으로 고양이의 수명은 3년이나 줄어든다	…54
감염증 예방 백신의 위험과 최적 접종 빈도는?	…57
끊이지 않는 이물질 오식 사고… 실내에도 위험은 많다	…60
백합은 맹독 중의 맹독! 식물은 '들이지 않는' 편이 좋다	…62
담배, 향료가 들어간 세제, 냄새 제거 스프레이도 좋지 않다	…64
• 오식에 주의해야 할 주요 물건	…68
• 고양이의 건강에 해로울 수 있는 주요 물건	…69
'반년에 1번' 건강 검진은 인간의 '2년에 1번' 검진과 같다	…70
건강 검진, 냥토스네는 어떻게 하고 있을까?	…72
더욱더 안심하고 싶다면 다음의 검사도 추가하자	…74
• 건강 검진 결과는 이렇게 보자	…75
• 혈액 검사에 등장하는 주요 용어 해설	…76
• 주요 장기와 기관 상태는 이 항목을 확인!	…77

집에서도 꼼꼼하게 건강 체크를 하자 ⋯ 78
- 체중은 g(그램) 단위 측정이 가장 좋다 ⋯ 79
- 심한 통증은 모습이나 표정으로도 판단할 수 있다 ⋯ 80
- 스킨십으로 멍울이나 상처를 점검하자 ⋯ 82
- 소변이나 음수량을 확실히 파악해두자 ⋯ 84
- 변비는 가볍게 생각하지 말고 빠르게 대처하자 ⋯ 85
- 걱정해야 할 구토의 특징을 알아두자 ⋯ 88
- 평소 편안할 때의 호흡 횟수를 기록해두자 ⋯ 89
- 털이 푸석푸석할 때는 피부 질환 이외의 원인도 고려하자 ⋯ 90

반려인이 할 수 있는 고양이 질병 예방을 실천하자 ⋯ 91
- '비만은 만병의 근원'임을 명심하자 ⋯ 91
- 입은 재앙의 시작!? 자주 양치질해 잇몸병을 예방하자 ⋯ 93
- 음수량을 늘려 비뇨기질환을 예방하자 ⋯ 96

반려묘의 목숨이 달린 SOS 사인을 놓치지 않는다 ⋯ 98
- 소변으로 알 수 있는 SOS ⋯ 99
- 호흡으로 알 수 있는 SOS ⋯ 101
- 서지 못하거나 소리를 지를 때도 곧바로 병원으로 달려간다 ⋯ 102

일러스트 담당 오키에이코의 알려줘요! 냥토스 선생님 두 번째! ⋯ 105

제 3 장
실내 환경

'고양이는 인간이 아니다'라는 인식, 가족이기에 더욱 중요하다 ··· 110
'방안을 내려다볼 수 있는 높은 장소'는 심신의 건강과 직결된다 ··· 111
'숨숨집'이 있는 것만으로도 고양이가 더욱더 안심한다 ··· 113
스크래칭 욕구는 충분히 채워주자 ··· 115
- 새끼 고양이는 S자, 수컷 성묘는 기둥형을 좋아한다? ··· 117
- 잘못된 스크래칭은 편리한 소품이나 보상으로 교정한다 ··· 119

화장실 환경이 나쁘면 요로질환의 위험도 커진다 ··· 122
- 폭 50cm 이상의 큰 화장실을 고른다 ··· 123
- 고양이가 가장 선호하는 모래는 벤토나이트(광물계)이다 ··· 125
- 피해야 할 고양이 화장실 모래의 특징을 알아두자 ··· 127
- 시스템 화장실이라도 가능한 한 입자가 작은 모래를 쓰자 ··· 128

사냥 본능을 자극하면 고양이가 행복해한다 ··· 130
열사병이나 저온 화상 등에 주의하며 실내온도를 제대로 관리하자 ··· 132
다묘는 신중하게 생각하자 ··· 134
- 화장실이나 식사 관리가 어렵다 ··· 135
- 다묘 가정은 꼭 고양이별로 개인 공간을 확보한다 ··· 137

고양이와 대피하기, 지금 당장 가능해야 한다 ··· 141
- 냥토스네의 고양이용 방재용품 ··· 145

'고양이 주도'의 거리감을 지키는 것도 애정이다 ··· 145
일러스트 담당 오키에이코의 알려줘요! 냥토스 선생님 세 번째! ··· 149

제4장
최신 연구와 고양이 잡학

난치병 치료를 위한 연구는 끊임없이 진행 중이다	··· 154
신약 'AIM'이 신장병에 효과적이다?	··· 154
고양이 전염성 복막염 치료 약 'GS-441524'	··· 156
고양이 알레르기를 줄여주는 백신과 고양이 사료	··· 160
'구부정 앉기'는 관절염 통증을 피하기 위한 고육지책	··· 161
만일을 위해 꼭 알아두어야 할 고양이의 혈액형	··· 163
고양이도 주로 쓰는 발이 있다!?	··· 166
'배변 후 우다다'는 고양이의 가장 큰 수수께끼 중 하나	··· 168
고양이도 꿈을 꿀까?	··· 169
창밖에 있는 새를 향해 "깍깍깍깍…"은 울음소리 흉내?	··· 171
고양이에게 반려인은 '어미 고양이' 같은 존재	··· 172
고양이가 주는 '애정 표현'을 체크하자	··· 175
• 얼굴을 문지르거나 머리를 쿵 부딪친다	··· 175
• 그루밍을 해준다	··· 175
• 배를 보여주며 벌러덩 눕는다	··· 176
• 꼬리를 똑바로 세우고 다가온다	··· 176
• 앞발로 꾹꾹이한다	··· 177
• 골골송을 부른다	··· 178
• 눈을 천천히 깜박인다	··· 178

욕실이나 화장실에 따라오는 것은 순찰?	… 179
방금 먹었는데도 몇 번이고 밥을 달라고 재촉하는 이유는?	… 181
고양이 행동의 수수께끼는 무한대!?	… 182
・반려인의 옷 위에서 자는 수수께끼	… 182
・꼬리 쪽 궁둥이를 두드리면 허리를 치켜드는 수수께끼	… 183
・쓰다듬으면 갑자기 무는 수수께끼	… 184
・아무것도 없는 곳을 쳐다보는 수수께끼	… 184
보호소 수의사들의 알려지지 않은 노력	… 185
구조된 고양이를 입양하려면?	… 186
・보호소에서 입양하는 방법	… 188
・구조 단체에서 입양하는 방법	… 189
일러스트 담당 오키에이코의 알려줘요! 냥토스 선생님 네 번째!	… 191

제 5 장

고양이를 더욱 많이 행복하게 하는 Q&A 모음

▶ Q.01	⋯ 196	▶ Q.20	⋯ 229
▶ Q.02	⋯ 198	▶ Q.21	⋯ 231
▶ Q.03	⋯ 200	▶ Q.22	⋯ 232
▶ Q.04	⋯ 201		
▶ Q.05	⋯ 202		
▶ Q.06	⋯ 204		
▶ Q.07	⋯ 205		
▶ Q.08	⋯ 207		
▶ Q.09	⋯ 209		
▶ Q.10	⋯ 211		
▶ Q.11	⋯ 212		
▶ Q.12	⋯ 214	맺음말	⋯ 235
▶ Q.13	⋯ 215	주요참고문헌일람	⋯ 237
▶ Q.14	⋯ 216		
▶ Q.15	⋯ 218		
▶ Q.16	⋯ 219		
▶ Q.17	⋯ 221		
▶ Q.18	⋯ 223		
▶ Q.19	⋯ 226		

제 1 장

식사

인터넷 순위는 오류투성이니 주의하자

　고양이를 반려하는 사람에게는 내 고양이가 먹는 밥이 가장 큰 고민이다. 인터넷에 다양한 정보가 흘러넘치다 보니 알아보면 알아볼수록 무엇이 정답인지 도통 알 수가 없다. 그중에서도 '추천 사료 순위' 같은 글에 나오는 사료를 보면 "역시 산화방지제는 안 좋구나…." "고양이에게는 '그레인 프리 Grain Free'가 더 좋은가?" 같은 걱정을 하게 되는 것도 무리는 아니다.
　하지만 그런 여러분에게 가장 하고 싶은 말은 바로 이거다.

　"인터넷 추천 사료 순위는 믿지 마세요!"

　솔직히 말하면, 인터넷에서 강력하게 추천하는 사료는 수의사 사이에서 화제에도 오르지 않는 것뿐이다. 나중에 자세히 이야기하겠지만 나를 포함한 수많은 수의사는 '힐스 Hill's Pet Nutrition'와 '로얄캐닌 Royal Canin'을 추천한다.
　그렇다면 왜 이처럼 인터넷 정보와 '괴리'가 생기는 것일까? 그 이유는 이들 순위 대부분이 소개 수수료가 비싼 순서로 나열된 '소개 수수료 순위'라 해도 과언이 아니기 때문이다. 참고로 아래 순위 중 괄호 안 내용은 사이트 운영자에게 지급되는 소개료가 발생하는 조건과 금액이다.

1위　A사 (신규 구매 … 3,960엔, 약 4만 1천 원)

2위　B사 (신규 구매 … 3,850엔, 약 4만 원)

3위　C사 (신규 구매 … 3,960엔, 약 4만 1천 원)

4위　D사 (신규 구매 … 3,000엔, 약 3만 1천 원)

5위　E사 (신규 구매 … 3,000엔, 약 3만 1천 원)

6위　F사 (신규 구매 … 1,000엔, 약 1만 4백 원)

7위　G사 (신규 구매 … 2,000엔, 약 2만 9백 원)

8위　H사 (신규 구매 … 1,370엔, 약 1만 4천 원)

※ 회사 이름은 가명, 소개 수수료 참고 사이트
https://affitize.com/cat-food-recommend-asp/

이처럼 순위와 소개 수수료가 거의 비례한다. 반면, 수많은 수의사가 추천하는 힐스와 로얄캐닌은 대부분 순위에 들어 있지 않거나 순위가 낮다. 이 두 회사는 소개 수수료가 매우 낮기 때문이다. 힐스나 로얄캐닌을 팔아 수수료를 챙기려면 아마존이나 라쿠텐^{Rakuten, 일본의 대형 전자상거래 기업}을 통해 광고해야 하므로 보수는 구매 금액의 5%이다. 2,000엔^{한화 약 2만 9백 원}짜리 사료를 팔아도 수수료는 불과 100엔^{한화 약 1천 원}에 불과하다. 사정이 이렇다 보니 자연히 수수료를 많이 받을 수 있는 회사를 추천하고 싶어지는 것도 이해는 간다.

물론 이런 제휴 마케팅^{affiliate} 자체를 부정하고자 하는 것은 아니다. 다만 '추천 사료 순위' 등과 같은 인터넷 글로 소개할 거라면 수익과 상관없이 고양이에게 정말 좋은 사료가 소개되어야 한다고 생각한다.

 과도한 '그레인 프리 신앙'을 조심하자

대부분 순위 사이트가 수익을 중시하여 사료를 소개하기 때문에 그 사료의 장점으로 소개된 정보에도 잘못된 내용이 많다. 그중에서도 특히 많이 보이는 내용이 다음 3가지인데, 전혀 근거 없는 잘못된 정보이다.

- 산화방지제^{방부제}는 발암 물질이므로 위험하다.
- 부산물이나 육분^{肉粉, 포유동물의 도축 과정에서 나오는 조직을 건조하여 분쇄한 것}은 조악한 원재료가 포함되어 있어 위험하다.
- 고양이는 육식동물이므로 곡물이 들어 있지 않은 그레인 프리 사료를 먹여야 한다.

우선 **첫 번째,** 산화방지제이다. 반려동물 사료에 들어 있는 첨가제나 원재료가 위험하다는 정보는 다양한 곳에서 눈에 띄는데, 이미 일본에서는 반려동물안전법에 의해 안전한 재료와 안전한 용량만이 포함되도록 규정되어 있다. 따라서 동물이 평생 섭취하더라도 건강에 영향을 주지 않는 산화방지제 상한선이 정해져 있다.

그보다 더욱 중요한 점은 동물에게 산화한 사료를 먹이지 않도록 주의하는 일이다. 고양이용 건사료는 에너지원으로 필요한 기름으로 코팅되어 있어 특히 산화하기 쉽다. 보관에 소홀하거나 그릇에 담아 장시간 상온에 두면 점점 품질이 떨어져 고양이의 건강을 해칠 가능성이 크다. 그러니 반드시 제대로 관리한 산화방지제가 첨가된 건사료를 고르도록 하자.

두 번째, 부산물이나 육분에 관한 안전 기준 또한 마련되어 있다. 건사료의 원재료에는 닭 육분과 닭 부산물 등의 표시가 기재되고는 하는데 '부산물'이라는 것은 살코기^{정육} 이외의 내장이나 피부, 뼈 등을 가리킨다. 이중 '인간의 식용으로 적합하지 않은' 부분이 와전되어 "부산물과 육분은 병원체에 감염되어 있어 위험하다" 등과 같은 잘못된 정보가 퍼지고 만 것이다.

건사료의 안전은 앞서 말한 대로 반려동물안전법으로 보호받는다. 예를 들어, 미생물을 사멸시키기 위해 적정한 가열 처리 Extrusion, 유입된 원료 사료가 압축되고 충진된 상태에서 압력을 가함으로써 일정한 배출구로 압출되는 공정를 반드시 하도록 규정되어 있으며, 애초에 병원미생물에 감염된 원료는 사용할 수 없다. 게다가 일본 농림수산소비안전기술센터 FAMIC가 현장 검사를 정기적으로 시행하고 검사 결과가 인터넷상에 공개된다. 오염된 부산물이나 육분이 반려동물의 건강에 영향을 주지 않도록 다양한 규정과 시스템이 이미 마련되어 있는 것이다.

그리고 세 번째, 그레인 프리 사료에 관해서도 현 단계에서는 고양이의 건강에 좋다는 과학적 근거가 전혀 없다. 고양이는 본래 완전 육식동물이기 때문에 '곡물은 소화할 수 없다' 같은 말을 들으면 오 그렇구나 싶겠지만, 고양이 사료에 포함된 곡물류는 물과 열을 가한 상태밥을 짓는 것과 같은 상태로 첨가되기에 문제없이 소화할 수 있다.

또한 그레인 프리 사료는 곡물을 사용하지 않는 대신 고기나 생선 등의 단백질을 다량 포함하는데, 이 단백질이 분해될 때 나오는 불순물은 신장 작용을 통해 체외로 배출된다. 따라서 신장 기능이 떨어진 고양이에게 그레인 프리 사료를 급여하면 더욱더 신장에 부담을 줄 가능성도 있다. 고양이는 나이가 들수록 높은 확률로 만성 신장병을 앓으니 나이가 많은 고양이를 반려하는 보호자라면 더욱 주의해야 한다.

"고양이는 곡물 알레르기를 일으키기 쉬우므로 그레인 프리를 먹어야 한다"라는 말도 나도는데, 사실 고양이에게 가장 많은 음식 알레르기는 '소고기'다. 육류, 곡류와 상관없이 음식 알레르기가 있는 고양이는 피부를 가려워하거나 설사 및 구토가 이어지는 등의 증상이 나타난다. 물론 소고기든 곡물이든 알레르기가 없는 고양이에게는 해가 없다. 고양이가 음식 알레르기를 보인다고 느꼈다면 자가 판단하지 말고 반드시 동물병원에서 수의사에게 진료를 받고 식사 지도를 받도록 하자.

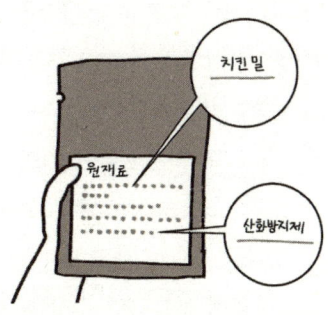

 '힐스'와 '로얄캐닌'을 추천하는 이유는?

그렇다면 정말로 안심할 수 있고 안전하며 고양이가 조금이라도 더 오래, 건강하게 살 수 있게 하는 사료는 어떤 기준으로 골라야 할까?

중요 포인트는 다음 2가지이다.

1. 오랜 기간의 판매 실적이 있는가?
2. 과학적 근거에 기반하여 만들어진 것인가?

현대의 개와 고양이가 장수하는 이유는 사료의 질이 향상된 덕이 크다고들 한다. 오랜 기간의 판매 실적은 반려동물의 장수에 이바지해 온 역사이기도 하다. 그중에서도 대표적인 제조회사가 미국에서 설립된 '힐스'와 프랑스에서 탄생한 '로얄캐닌'이다. 이제는 많은 반려인에게 익숙한 이 두 회사는 50년도 더 전부터 반려동물 사료를 제조해왔다. 게다가 힐스는 86개국, 로얄캐닌은 90개국에서 판매 실적이 있다.

한편 '과학적 근거에 기반하여 만들어진 사료인가?'라고 따지는 것은 고양이 사료를 고를 때 가장 중요한 포인트라고 생각한다. 이를 간단히 설명하면 '자사에서 철저히 연구해 그 성과를 사료 만들기에 활용했느냐?'를 증명하는 것이다. 앞서 소개한 두 회사 모두 자사 연구소가 있으며 수의사나 연구자 등 그 길의 수많은 전문가와 힘을 합쳐 제품 개발에 힘쓰고 있다.

이처럼 과학적 연구 성과에 기반하여 만들어진 것을 '사이언스 푸드'라고 하는데 그중에서도 처방식은 다양한 병을 고치기 위해 최신 연구자료가 포함된 사이언스 푸드의 가장 적절한 예

다. 예를 들어, 힐스나 로얄캐닌의 처방식은 만성 신장병을 앓는 고양이의 수명을 1년 가까이 늘린다는 것이 증명되었다. 인간으로 비유하면 3~4년 정도 늘리는 셈이므로 이는 무척 큰 효과라 할 수 있다.

이러한 영향 덕에 최근에는 처방식뿐 아니라 평소 건강할 때 먹이는 '종합 영양식(28쪽 참조)'에도 사이언스가 적극적으로 도입되고 있다. 특히 힐스의 '사이언스 다이어트 프로 액티브 시니어'는 노화에 의해 발생하는 몸의 변화 유전자의 움직임를 최신 과학 기술로 폭넓게 해석하고 이를 보충하는 영양소를 배합한, 지금까지 없었던 안티에이징 항노화 사료이다.

건강한 고양이의 수명을 특정한 고양이 사료가 더 늘리는지 아닌지를 증명하는 일은 막대한 시간과 수고가 걸리기에 불가능에 가깝지만, 바로 그런 이유로 반려인들이 근거 없는 프리미엄 푸드가 아닌 사이언스 푸드를 골라야 한다고 생각한다.

그렇다고 힐스나 로얄캐닌 사료가 다른 시판제품과 비교해 결코 가격이 싸지는 않다. 실제로 "가격이 비싼 사료일수록 품질이 좋은가요?"라고 반려인에게 질문받은 적도 있다.

'고양이 사료의 품질'이라는 말로 표현하지만, 여기에는 다양한 내용이 포함된다. 예를 들어, 높은 가격대의 프리미엄 사료에는 '휴먼 그레이드', 즉 인간이 먹는 식자재와 마찬가지 수준의 식자재를 사용한 사료가 있다. 이러한 사료를 만들 때는 식자재에 드는 비용이 다른 사료와 비교하면 비싸기 때문에 '식자재의 질'이 프리미엄이다. 하지만 고양이에게 진정한 의미에서 '식자재의 질'이 높은지는 의문이다.

왜냐하면 잡식인 인간과 육식인 고양이의 식성은 크게 다르기 때문이다. 예를 들어, 피비린내가 난다는 이유로 인간의 식자재로는 적합하지 않다고 여겨지는 붉은 살 생선의 암적색 살코기 등은 고양이에게는 고영양 식자재이다. 그런데도 굳이 인간이 먹는 흰살생선을 쓸 필요가 있을까? 그중에는 홍보나 광고비에 돈을 더 들이는 회사도 있을 것이다.

반면 힐스나 로얄캐닌이 제공하는 사이언스 푸드는 개발할 때 수많은 연구비와 인건비가 들었다. 즉 '과학적 질의 높음'이 가격에 반영된 것이다. 가격이 비싼 사료는 만드는 과정 어딘가에서 반드시 돈을 들였다. 그것이 어디인지를 의식하여 사료를 고르는 게 좋다.

 건식과 습식을 '혼합 급여' 하자

건사료와 습식사료에 관해서도 어느 쪽이 고양이에게 더 좋을지 고민하는 반려인이 많을 것이다. 우선은 각자의 장단점을 정리해 보겠다.

건사료의 장점은 가격이 저렴하고 장기 보존이 가능하다는 점이다. 따라서 취급하기 쉬운 것은 단연 건사료이다. 또 치석이 잘 끼지 않는다고 한다. 단점은 수분 함유량이 약 10% 정도로 매우 낮다는 점이다. 현대 고양이의 조상은 물이 적은 사막에서 살았기에 쥐 등의 소동물을 사냥해 잡아먹으며 수분을 보충했다. 그 습성을 계승하고 있는 현대의 고양이 역시 '목이 마르니 물을 마셔볼까!' 하는 마음이 잘 들지 않기에 좀처럼 스스로 물을 마시지 않는다. 수분 섭취량이 적으면 방광염과 요로결석, 변비 등의 위험이 올라가므로 고양이에게 건사료만 준다면 물을 더 많이 마실 수 있도록 반려인의 노력이 더 필요하다(96쪽 참조).

한편 습식사료는 이름 그대로 내용량의 약 70~80% 이상이 수분이다. 따라서 고양이 본래의 식사 스타일처럼 식사에서 수분을 쉽게 섭취할 수 있는 게 가장 큰 장점이다. 포만감 또한 느끼기 쉬워 비만 예방에도 좋다. 그러므로 고양이의 건강만을 생각한다면 습식사료를 먹이는 편이 더 좋다.

하지만 단점은 신선도 관리와 가격이다. 급여 후 남은 습식사료는 상하기 쉬워 그대로 둘 수 없다. 유리나 도자기 그릇에 따로 덜어 담고 랩을 씌운 후 냉장고에 넣어 보관해야 하고, 고양이에게 다시 급여할 때는 데워 주어야 하는 수고가 든다. 건사료와 비교하면 가격도 좀 더 비싸 고양이에게 습식사료만 먹이면 식비도 많이 든다.

따라서 냥토스가 추천하는 방법은 건사료와 습식사료를 함께 먹이는 '혼합 급여'이다.

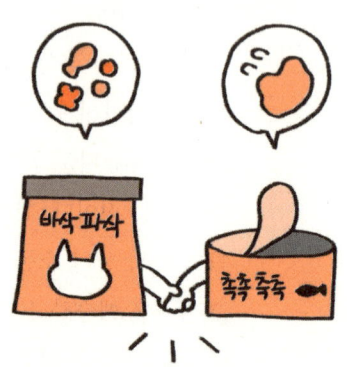

예를 들어, 아침 식사는 오래 둘 수 있는 건사료를 주고, 퇴근 후 귀가했을 때는 습식사료를 주며, 남은 습식사료는 자기 전에 한 번 더 주는 식이다. 이렇게 하면 건사료의 편리함인 밥그릇에 계속 사료를 놔둘 수 있는 장점과 함께 습식사료에서 수분도 충분히 섭취할 수 있다는 장점까지 얻을 수 있다. 또한 습식사료만 주는 것보다 비용이 적게 들고 건사료만 먹는 것보다는 포만감도 크다. 즉 건식과 습식의 장점만 취하는 것이다.

앞서 말한 힐스나 로얄캐닌은 이러한 혼합 급여에도 적합하다. 이유는 다음 2가지다.

첫째, '종합영양식' 수준의 습식사료가 갖추어져 있기 때문이다. 종합영양식이란 고양이가 살아가는 데 필요한 영양소가 모두 포함된 사료를 말한다. 습식사료 중에는 종합영양식의 기준을 충족하지 못하는 보통의 고양이 캔이나 간식 등의 '일반식'이 많이 시판되고 있는데, 혼합 급여를 한다면 반드시 종합영양식 수준의 사료를 골라야 한다.

둘째, 건사료에 대응하는 습식사료가 있다는 점이다. 이러한 점은 로얄캐닌이 매우 뛰어나다. 예를 들어, 열두 살 이상의 노령 고양이용 건사료에 대응하는 습식사료 역시 나와 있다. 일반적으로 노령 고양이용 건사료는 고양이의 신장에 부담을 줄이기 위해 단백질이나 인의 양이 적게 설계되어 있는데, 이것들을 많이 포함하는 습식사료와 혼합 급여를 하면 애써 급여하는 건사료의 효과가 충분히 발휘되지 못하기 때문이다. 각기 대응하는 건사료와 습식사료를 조합하면 고양이의 생애 주기에 맞는 영양 구성을 유지한 채 수분량 또한 효과적으로 늘릴 수 있다.

밥 주는 횟수를 '4회 이상'으로 나누면 장점이 더 많다

여기에 더해 냥토스네에서는 냥짱에게 '밥을 주는 횟수'로도 배려하고 있다. 사냥하던 시절의 고양이 식사 스타일을 떠올려 보자. 평균적으로 쥐 1마리의 칼로리는 30kcal 정도인데, 고양이가 하루에 필요한 열량을 충족하기 위해서는 약 10마리의 쥐를 사냥해 먹어야 했다. 따라서 고양이는 하루에 10~20번 정도 사냥하며 자주 식사를 했던 것으로 보인다.

이처럼 고양이 본래의 식사 스타일에 가까워지기 위해서는 현대의 고양이에게도 하루에 주는 사료의 총량을 조금씩 여러 번 나누어 주어야 한다. 그렇다고 하루 10번으로 나누어 먹이는 것은 현대의 반려인에게 너무 힘들고 어려운 일이니 최소 '4번 이상'을 기준으로 조금씩 늘려 보자. 이렇게 '조금씩 자주 먹이는' 방식은 고양이와 반려인에게 다음과 같은 장점이 있다.

1. 공복에 의한 구토를 막을 수 있다.
2. 이른 새벽부터 밥을 달라고 고양이가 재촉하는 일이 적어진다.
3. 비만 예방이 된다.

우선 **첫 번째**로 구토다. 귀가했을 때 거실에 노란색이나 흰색 거품이 섞인 액체가 토해진 흔적을 발견한 적이 없는가? 이는 고양이가 공복으로 위산의 양이 증가해 속이 좋지 않아져 토했을 가능성이 매우 큼을 의미한다. 게다가 배가 고픈 상태인 고양이에게 한 번에 많은 양의 밥을 주면 엄청난 기세로 허겁지겁 먹어 치우기 때문에 먹자마자 그대로 전부 토해 버리기도 한다. 우리 집 냥짱도 예전에는 집에 혼자 있을 때 공복토를 하고는 해서 걱정했지만 이제는 조금씩 자주 밥을 주어 공복 시간을 줄일 수 있었고, 결과적으로 공복에 의한 구토 역시 줄일 수 있었다.

또한 새벽 4~5시 즈음 "배고파!" 하며 집사를 깨우는 고양이가 많지 않은가? 고양이는 야행성 동물이라고 생각하기 쉽지만 엄밀히 말하면 '박명박모성薄明薄暮性' 동물로 새벽녘 어슴푸레 날이 밝아오는 시간대에 가장 활발히 활동하는 동물이다. 그래서 반려인보다 더 빨리 일어나 "밥 주는 시간 아니야? 밥 줘!" 하며 반려인을 재촉하는 것은 어찌 보면 당연한 일이다. 냥토스네에서

는 자동 급식기로 아침 4시에 건사료가 나오도록 세팅해 두었다. 이렇게 하면(그래도 깨우는 날은 아직 있지만……) 냥짱도 새벽부터 배가 고프지 않아 모닝콜이 줄어든다.

또한 식사 횟수를 늘림으로써 고양이가 포만감을 얻을 수 있는 것도 큰 장점이다. 현대의 고양이는 운동 부족이 되기 쉬운데 여기에 중성화 수술까지 받은 고양이는 호르몬의 영양으로 아무래도 더욱더 살이 찌기 쉬워진다. 비만은 만병의 근원이니 확실히 예방하자(91쪽 참조).

이러한 급여 횟수를 실천하기 위해서는 자동 급식기가 있으면 무척 편리하다. 한 예로, 냥토스네 냥짱의 식사 스케줄을 소개하겠다. 32쪽 삽화가 바로 실제 내용이다. 혼합 급여를 적용하면서 하루 6번으로 나누어 냥짱에게 밥을 급여한다. 아침과 낮에는 건사료를 주고, 저녁에는 습식사료를 2번에 걸쳐 나누어 주고 있다. 낮에는 내가 출근해 집에 아무도 없기에 자동 급식기가 있으면 무척 유용하다.

자동 급식기를 사용하는 또 하나의 이유가 있다. 바로 재해 대책이다(141쪽 참조). 반려인이 출근했을 때 지진 등의 재해가 일어나면 우리가 집으로 돌아가지 못할 가능성이 있기 때문이다. 고양이가 집에 홀로 남겨져도 자동 급식기를 세팅해 두면 고양이

참고로 냥짱(8세)에게 주는 사료는 다음과 같습니다.
【건사료】 힐스 사이언스 다이어트 '프로' 고양이용 건강가드 액티브시니어 7살부터 쭉
【습식사료】 힐스 사이언스 다이어트 시니어 7세 이상 노령묘용 치킨

가 아예 밥을 먹지 못한다는 최악의 사태는 피할 수 있다. 정전 시 배터리(건전지) 모드로 전환되는 타입의 자동 급식기라면 더욱더 마음을 놓을 수 있다.

이처럼 혼합 급여나 자동 급식기를 잘 활용하여 고양이 본연의 식사 방식을 존중해주자!

 고양이는 미각보다 후각으로 '맛'을 판단한다

모처럼 새로운 사료를 샀는데 고양이가 입도 대지 않는 경험, 반려인이라면 누구나 있지 않을까? 고양이는 입맛이 까다로운 '미식 동물'이라고 많은 반려인이 말하는데, 정말로 고양이는 인간보다 미각이 예민한 동물일까?

인간은 단맛·신맛·쓴맛·짠맛·감칠맛을 느낄 수 있다. 이는 혀의 표면에 있는 미뢰로 맛을 느끼기 때문이다. 고양이의 혀에도 인간과 마찬가지로 미뢰가 있지만 그 수는 인간의 10분의 1 정도로 꽤 적다.

예를 들어, 고양이는 단맛을 거의 느끼지 못한다고 한다. 완전 육식동물인 고양이 본연의 생활을 떠올려 보면 단맛을 인식할 필요가 없었을지도 모른다. 염분 역시 그다지 느끼지 않는다고 한다. 이처럼 고양이의 미각은 인간보다 훨씬 둔감하다. 그런데도 고양이가 미식 동물이라고 불리는 이유는 대체 무엇일까?

사실 고양이가 '맛있다'라고 느끼는 데는 미각보다 후각이 크게 관련된 것으로 보고 있다. 왜냐하면 고양이의 후각 수용체 수는 인간의 10배 이상 되기 때문에 인간보다 후각이 더 예민하다. 따라서 고양이가 사료를 질려 한다면 인간의 체온 정도로 살짝 데워 냄새가 더 나게 해서 주면 잘 먹는다. 또한 고양이는 식감에도 까다로운 동물이니 반려인은 고양이 사료를 고를 때 사료 입자의 크기나 굳기, 모양 등도 의식하면 좋다.

그렇다고 고양이가 전혀 맛을 느끼지 못하는 것은 아니다. 고양이는 특히 쓴맛에 민감하다고 알려져 있다. 해로운 음식이나 독이 들어 있는 음식은 쓴맛이 나는 경우가 많기에 이를 피하고자 갖춘 기능인 셈이다. 게다가 고양이의 감칠맛 수용체를 샬레 안에서 재현한 실험을 통해 고양이도 감칠맛을 잘 느낀다는 가능성이 제시되고 있다.

참고로 최근 인간에게는 6번째 미각인 '지방맛'이 있음이 발견되어 화제가 되었는데, 고양이도 사냥하여 잡은 고기를 먹던 동물이어서인지 지방맛을 꽤 좋아한다고 알려져 있다. 예를 들어, 단맛을 느끼지 않는데도 푸딩이나 아이스크림을 좋아하는 고양이가 있는데(건강에는 좋지 않으니 주지 말자), 이는 버터나 유제품의 지방을 좋아하기 때문이라고 추측되고 있다. 어쩌면 고양이는 이 지방맛에 무척 민감한 동물일 수도 있다. 이러한 미각도 고양이의 식성에 영향을 주고 있는 것이다.

**노령 고양이는
체질 변화에 맞추어 식사를 제공하자**

　우리 집 냥짱도 8살이 넘어 노령기에 들어섰다. 인간으로 환산하면 대충 50세 정도로 슬슬 질병이 걱정되는 나이이다. 내 고양이가 조금이라도 더 건강하고 오래 살았으면 하는 마음은 반려인이라면 누구나 가지고 있을 것이다. 그러기 위해서는 고양이가 매일 먹는 식사가 정말 중요하다는 걸 막연하게는 알고 있지만, 노령 고양이의 식사에서는 무엇을 더 조심하고 신경 써야 하는지를 아는 건 좀 어려운 문제다. 나이가 듦에 따라 일어나는 고양이 몸의 변화를 고려해 노령 고양이의 식사에서는 반려인이 무엇을 배려해야 하는지 살펴보기로 하자.

　인간은 나이가 들면 신진대사가 떨어지거나 운동량이 저하되어 살이 찌기 쉬워진다. 고양이 역시 10세 무렵부터는 인간과 마찬가지로 살이 찌기 쉬운 체질이 되어간다. 인간도, 고양이도 이른바 '나잇살'이 찌기 시작한다. 고양이도 이 무렵에는 비만이 되지 않게 조심해야 한다. 때에 따라서는 비만 방지용 저칼로리 사료나 포만감을 얻기 쉬운 습식사료를 주는 것이 좋다.

　한편, 고양이는 14살이 넘으면 '살이 찌기 쉬운 체질'에서 갑자기 '살이 빠지기 쉬운 체질'로 변한다고 한다. 왜 이러한 현상이 일어나는지는 아직 잘 알려지지 않았지만, 식사량이나 섭취 칼로리를 이전과 같이 유지하면 되려 점점 말라갈 수도 있다. 더욱이 이 무렵부터는 후각과 미각도 떨어져 식사량이 줄어드는 고양이도 있다. 그러니 때에 따라서는 고칼로리 사료로 바꾸어 먹여야 할 수도 있다.

　이처럼 고양이는 노령기에 들어서면 체질이 매우 빠르게 변하게 된다. 물론 고양이에 따라서도 개체차가 있으니 노령 고양이 반려인이라면 고양이의 체중과 체격을 유심히 관찰해 지금 고양이에게 맞는 식사를 먹이는 일에 더욱더 신경 써야 한다. 만약 단기간에 급격히 체중이 감소할 때는 드러나지 않은 질병에 걸렸을 수도 있으니 주저하지 말고 수의사에게 상담하도록 하자.

　또한 고양이는 나이를 먹으면 목마름을 느끼는 감각 또한 둔해져 더욱더 스스로 물을 잘 마시지 않으려고 한다. 게다가 신장 기능 역시 점점 떨어져 몸 안의 수분이 소변으로 배출되기 쉬워진다. 즉, 물은 잘 마시지 않는데 수분은 점점 빠져나가니 탈수 증상이 일어나기 쉽다. 이러한 탈수 상태가 계속되면 아직 드러나지

고양이와 인간의 나이 환산표

고양이	인간
1개월	1세
3개월	5세
6개월 (중성화 수술)	9세
9개월	13세
1년	17세
1년 반	20세
2년	23세
3년	28세
4년	32세
5년	36세
6년	40세
7년	44세
8년	48세
9년	52세
10년	56세
11년	60세
12세	64세
13세	68세
14세	72세
15세	76세
16세	80세
17세	84세
18세	92세
19세	92세
20세	96세

1년~6년: 비만에 주의
7년~11년: 특히 살찌기 쉬움
14세~: 체중 감소에 주의

참고: 고양이와 인간의 나이 비교 인터넷 사이트 '수의사 홍보판'

않은 내장 질환이 악화하거나 체온 조절 기능이 약해질 수 있으니 습식사료의 비율을 늘려 주는 것이 좋다(96쪽 참조).

고양이는 나이가 들면 후각이나 미각도 둔해지는 경우가 많다. 따라서 습식사료를 줄 때는 인간 체온 정도로 데워 냄새를 돋우어 주면 좋다. 갓 사냥한 소동물과 비슷한 온도 정도로 맞추어 주는 것도 이 온도를 고양이가 좋아하는 이유 중 하나일지도 모른다. 다만 화상의 원인이 될 수 있으니 너무 뜨겁게 데우지 않도록 조심하자.

밥그릇을 고양이가 먹기 좋은 높이로 맞추어 주는 일도 무척 중요하다. 인간은 나이가 들면 하반신에 통증이 생기는 경우가 많은데, 이는 고양이도 마찬가지여서 나이가 든 대부분 고양이가 '퇴행성 관절 질환'을 앓는다고 한다. 머리를 숙이고 구부려 먹는 자세는 고양이의 관절에 부담이 되어 밥을 제대로 먹기 어려운 데다 통증까지 동반된다. 그 결과 고양이는 밥을 먹는 게 싫고 귀찮다고 생각하게 된다. 또한 나이가 들면 식도의 기능도 약해지니 식후에 사료토가 쉬워진다. 이때 식기의 높이를 높이면 식도가 휘지 않고 곧게 펴진 채로 밥을 먹을 수 있기에 식후 구토 예방에도 도움을 줄 수 있다.

실제로 많은 반려인에게서 "그릇 높이를 높여 주기만 했는데 고양이가 밥을 잘 먹게 되었다"

"식후 구토가 줄었다" 등의 말을 듣고는 한다. 냥토스네에서도 다리가 달린 식기로 바꾸었더니 냥짱의 식후 구토가 줄었다. 높이가 있는 그릇으로 새로 사도 좋고 그릇 아래에 상자나 받침대 등을 받쳐 높이를 높여 주는 것만으로도 충분하니 꼭 시도해보자.

 반려인의 자의적 판단으로 처방식을 먹이면 위험하다

나이를 먹으면 고양이도 병에 걸리는 경우가 많아진다. 그럴 때 고양이의 치료에 도움이 되는 사료가 '처방식'이다. 특히 요로결석이나 변비, 만성 신장병 등에는 처방식에 의한 식이요법을 병행하는 경우가 많다.

그러나 이때 반려인이 반드시 알아두어야 하는 점이 있다. 바로 "처방식은 절대로 반려인의 판단만으로 급여해서는 안 된다!"라는 것이다. 반드시 수의사의 지도하에 급여해야 함을 명심하자. '고양이 사료 가지고 너무 호들갑 아냐?' 하고 생각할지도 모르지만, 앞서 말했듯 반려동물 처방식은 최신 과학을 적용한 '사이언스 푸드'이다. 단순한 일반 사료가 아니라 이미 약과 비슷한 수준의 높은 치료 효과를 가지고 있다.

우리 인간의 식품 중에도 몸에 좋다고 알려진 식품이 꽤 있다. 하지만 그 대부분은 '포함된 성분에 이런 효과가 있으니 분명 ○○병에 좋을 것이다' 정도의 수준이다.

그렇지만 반려동물 처방식은 그렇게 가볍지 않다. 예를 들어, 처방식에 따라 만성 신장병인 고양이의 수명이 늘거나 어떤 종류의 요로결석을 녹이기도 한다. 우리 집 냥짱도 변비가 심해졌을 때 몇 번 처방식 신세를 졌는데, 1~2일 만에 금세 멋진 '맛동산'을 생산했다.

인간의 식사에서는 신장병 환자의 수명을 늘리거나 결석을 녹일 수 있는 식사가 존재하지 않는다. 즉 반려동물의 처방식은 '약'이라 해도 과언이 아니며 의학보다 더 나은 영역인 것이다.

이렇게까지 반려동물의 처방식이 발달한 배경에는 '연구하기 쉽다'라는 점이 있다. 인간을 대상으로 한 연구는 아무래도 제한이 많고 쉽게 시도하기도 어렵다. 반면 개나 고양이를 대상으로 한 연구는 인권 등의 문제가 존재하지 않는다. 물론 동물복지 관점에서 동물이 괴로워하는 극단적인 실험은 하지 않지만 인간보다 훨씬 장벽이 낮은 점은 사실이다.

이러한 연구를 통해 반려동물 사료 회사는 오랜 기간에 걸쳐 막대한 양의 과학적 데이터를 수집해 질병을 치료할 수 있는 효과가 큰 반려동물용 사료를 완성한 것이다. 나아가 반려동물의 경우 특정 사료만을 계속 먹일 수 있기에 철저한 식이 관리를 쉽게 할 수 있다는 점도 처방식이 큰 치료 효과를 발휘할 수 있는 이유 중 하나일 것이다.

그러나 이러한 점을 뒤집어 보면

이만큼 효과가 큰 것을 반려인의 판단만으로 반려동물에게 급여하는 것은 매우 위험할 수 있음을 충분히 예상할 수 있을 것이다.

예를 들어, '변비용 처방식'을 고양이에게 주려다 실수로 비슷한 이름을 가진 '설사용 처방식'을 반려동물에게 급여하면 변비가 악화할 수도 있다. 요로결석을 녹이는 처방식을 반려인의 판단으로 계속 먹였다가 다른 종류의 요로결석이 생기는 일도 충분히 일어날 수 있다. 또한 다묘 가정의 경우 다른 고양이가 반려인 몰래 처방식을 빼앗아 먹었다가 그 고양이가 건강을 해치기도 한다. 과장이 심하다고 할 수도 있지만, 처방식은 그 효과가 큰 만큼 잘못 주면 금세 반려동물의 건강을 해칠 수도 있다.

그중에는 "동물병원에서 사는 것보다 싸니까 인터넷에서 산다"라고 하는 반려인도 있을 텐데, 동물병원에서 파는 가격에는 그 처방식의 자세한 효능을 설명하기 위한 수의사의 전문지식과 노동, '반려동물이 먹어 주지를 않는다'와 같은 반려인의 고민에 관한 치료 중 조언, 그 처방식이 제대로 효과를 발휘했는지를 판단하는 애프터 케어 등도 포함되어 있다.

담당 수의사와 제대로 상담한 후에 인터넷에서 사는 행위까지는 부정하지 않지만 '인터넷이 더 싸니까'라는 이유로 담당 수의사 몰래 반려동물에게 처방식을 주는 일만은 해서는 안 된다. 수의사의 설명이 부족할 수도 있겠지만 이 책을 읽은 반려인이라면 처방식은 효과가 큰 만큼 양날의 검과 같다는 사실을 꼭 기억하길 부탁한다.

그 수제 밥, 먹이기 전에 한 번 더 생각하자

이처럼 고양이 사료는 진화를 이어 오며 현대 반려동물의 수명을 늘리는 데 크게 이바지했다. 지금은 대부분 고양이가 고양이 전용 사료를 먹으며 생활하고 있다.

한편 "매일 같은 사료만 먹게 하면 왠지 심심하잖아" "시판 사료는 좀처럼 입을 대지 않아" 등의 이유로 반려인이 직접 만드는 수제 사료에 관한 도전을 멈추지 않으려는 반려인도 있다. 확실히 직접 만든다면 매일의 식사에 다양한 재료를 추가할 수 있고, 내 고양이가 좋아하는 재료로만 사용할 수 있어 고양이가 더 잘 먹어줄 수도 있을 것이다. 반려인으로서도 '애정을 쏟고 싶은 마음'을 표현할 수 있는 일이므로 꼭 해보고 싶다고 생각할지도 모른다.

그런 따뜻한 마음에 찬물을 끼얹는 듯한 이야기를 하는 게 조금 마음이 괴롭긴 하지만, 수제 사료에는 다음과 같은 큰 문제점이 있다. 바로 "종합영양식과 같이 고양이가 살아가는 데 꼭 필요한 영양 기준을 충족한 식사를 만드는 건 매우 어렵다!"라는 사실이다.

미국의 한 연구소가 연구한 바에 따르면 고양이를 위해 고안된 94가지 수제 사료 레시피 중 미국 학술연구회의 영양 기준을 모두 충족한 레시피는 단 1가지도 없었다고 한다. 이 중에는 수의사가 감수한 레시피도 몇 가지 포함되어 있었다. 그만큼 완벽한 수제 식사를 준비하는 일은 매우 어렵다.

게다가 고양이는 인간과 달리 먹어서는 안 되는 식자재가 많다. 양파, 마늘, 아보카도, 등푸른생선, 오징어, 문어, 조개류 등은 고양이의 건강을 해칠 수 있으며 섭취량에 따라 중독을 일으키는 것도 있다. 날고기는 살모넬라나 리스테리아, 톡소플라스마 등 반려인에게도 위험한 병원균이 포함되어 있다(68~69쪽 참조).

그래도 반려인이 직접 만든 음식을 꼭 먹이고 싶을 때는 고양이에게 필요한 영양소나 주어서는 안 되는 식자재 등을 철저히 공부한 후에 도전해야 한다. 또한 수제 사료를 줄 때도 어디까지나 토핑이나 간식 정도에 그쳐야 하고 주식은 종합영양식인 고양이 사료로 하는 편이 현명하다.

간식이 반드시 나쁘지는 않다

당신은 반려 고양이에게 간식을 잘 주는 반려인인가? 우리 집 냥짱은 작고 기다란 파우치에 든 '차오^{CIAO} 츄르'를 아주 좋아해서 내가 찬장을 열면 뱃살을 출렁거리면서 달려온다.

'간식'을 떠올렸을 때 너무 많이 먹이면 살이 찌는 원인이 될 듯하고 건강을 생각한다면 그다지 좋은 이미지가 아니기에 어딘지 모르게 꺼림칙한 기분을 느끼면서 고양이에게 간식을 주고 있는 반려인도 많지 않을까? 물론 간식이 고양이에게 살면서 꼭 필요한 것은 아니다. 그렇지만 잘만 사용한다면 고양이와 더 친해지기 위한 커뮤니케이션 도구도 되고 건강 면에서 도움이 되는 급여 방식도 있다.

현재 시중에는 매우 많은 종류의 고양이용 간식이 판매되고 있기에 어떤 간식을 주면 고양이가 좋아할지 고민하게 된다. 냥토스의 추천은 습식(페이스트)형 간식이다. 왜냐하면 고양이가 아주 좋아하면서도 칼로리가 비교적 낮은 게 많기 때문이다. 예를 들어, '챠오 츄르 가다랑어맛'은 1개(약 14g) 당 7kcal다. 이를 인간의 식사에 비교하면 감자칩 3~4조각 정도에 해당한다. 그래서 하루에 1개 정도라면 고양이 비만의 원인이 될 가능성도 작다.

또한 습식형 간식은 수분을 보충할 수 있다는 장점도 있다. 파우치 그대로 주어도 좋지만 냥토스네에서는 미지근한 물에 챠오 츄르를 푼 '냥토스 특제 츄르 수프'를 만들어 냥짱에게 준다. 이렇게 하면 그다지 물을 마시지 않으려는 고양이라도 효과적으로 수분을 섭취할 수 있어 요로결석이나 방광염, 온열 질환 등의 예방에도 도움이 된다.

건조된 타입의 간식은 그램 당 칼로리가 약간 높다는 점이 신경 쓰이지만 양치질 효과가 있는 간식은 먹여 보는 것도 괜찮다(93쪽 참조).

다만 어떤 간식이든 고양이에게 너무 많이 주지 않도록 주의해야 한다. 아무리 칼로리가 낮아도 하루에 많은 양의 간식을 먹으면 고양이 비만의 원인이 되고, 무엇보다 고양이가 간식만 먹겠다며 밥을 먹지 않으려고 하는 건 곤란하기 때문이다.

사료의 호불호가 심한 고양이는 평소 반려인이 간식을 많이 주는 경우가 많은데, 반려인으로서는 고양이가 사료를 먹지 않으니 간식이라도 먹이려고 더 많이 주고, 그럼 고양이는 더욱더 사료를 먹지 않으려고 하는 악순환에 빠질 수 있다. 이렇게 되면 혹 고양이가 질병에 걸렸을 때 처방식도 잘 먹어주지 않기에 적절한 치료를 받을 수 없게 된다.

간식은 고양이가 하루에 필요한 섭취 칼로리의 5% 정도를 기준으로 하면 괜찮다. 다음의 계산식도 참고해 주길 바란다.

그리고 또 하나, 더더욱 주어서는 안 되는 간식은 인간이 먹는 음식이다. 인간의 음식은 기름진 게 많아 인간보다 몸집이 훨씬 작은 고양이에게는 적은 양이라도 상상 이상의 칼로리가 된다. 예를 들어, 고양이에게 치즈 한 조각은 인간이 햄버거 3.5개를

하루 간식의 적정 열량

[체중 (kg)×30 + 70] kcal×0.05

(1일에 필요한 섭취 칼로리)

예) 4kg 고양이의 경우

[4kg ×30+70] kcal×0.05 = **9.5kcal**

한꺼번에 먹는 것과 비슷한 칼로리가 되기에 그것만으로도 비만의 원인이 될 수 있다.

고양이에게 간식을 잘 주려면 '보상'으로 주는 것이 포인트다. '발톱 깎을 때 잘 참았다' '가구나 벽지 등이 아닌 스크래처에 스크래칭을 했다' '동물병원에서 진료받을 때 고생했다' 등 고양이를 칭찬하고 싶은 타이밍에 보상으로 간식을 주도록 하자. 실제로 보상으로 간식을 주는 집에서는 '고양이가 적절한 장소에서 스크래칭을 해줄 확률이 높다'라는 데이터도 있다. 우리 집 냥짱은 외로움을 많이 타는데 냥토스는 냥짱이 혼자 집에서 잘 지냈을 때 보상으로 간식을 주고는 한다.

이처럼 간식을 주는 이유와 목적을 확실히 정해두면 고양이에게 너무 많이 간식을 주는 일을 막을 수 있다. 즐겁게 간식을 먹는 고양이의 모습은 반려인에게도 기쁨이자 위안이 된다. 이렇게 간식을 잘 준다면 간식은 그렇게 나쁜 것만은 아닌 셈이다.

 영양제 및 보조제는 오남용에 주의하자

최근에는 고양이 건강에 관한 반려인의 기준도 높아져 시중에 수많은 고양이용 영양제나 보조제가 판매되고 있다. 영양제나 보조제를 먹이는 것 자체가 나쁘다고 할 수는 없지만 지나치게 효과를 기대하는 것은 좋지 않다.

2019년 '개의 암에 효과가 있다'라고 홍보하며 영양제를 판매했다는 혐의로 한 판매회사의 사장이 체포되었다. 영양제는 의약품이 아니기에 특정한 병에 관한 치료 효과는 기대할 수 없다. 따라서 '○○에 좋다'라고 광고하는 일은 위법 행위에 해당하는데도 그러한 과잉 광고를 하는 영양제나 보조제가 많이 있다. 반려인이 이러한 광고 문구를 믿다 반려동물이 적절한 치료를 받지 못하게 되는 게 가장 큰 문제다. 영양제나 보조제는 어디까지나 '보조하는 것'일 뿐 대부분이 효과가 보증되지 않았다는 사실을 명심하자.

현재 시판되는 영양제는 DHA, EPA 등의 오메가3 계열 지방산, 유산균을 포함하는

것 등이 있다. DHA나 EPA는 항염증 작용을 지닌 지방산으로 관절염이나 피부염, 비만, 신부전 등의 다양한 질병에 좋은 효과를 기대할 만한 가능성이 제시되고 있다.

그러나 여기에서 주의해야 할 점은 영양제별로 DHA나 EPA 함유량이 크게 다른 데다 고양이에게 가장 적절한 투여량이 아직 밝혀지지 않았다는 사실이다.

유산균이 포함된 영양제에 관해서도 그 효과가 확실히 증명된 것은 아니다. 최근 도쿄 대학의 연구에 따르면 고양이 장내 유익균이 인간과 개와는 크게 다르다는 점이 밝혀졌다. 고양이의 장내 환경을 양호하게 유지하기 위해서는 '고양이에게는 고양이만의 유산균이 필요하지 않을까?' 생각할 수 있지만 아직 모르는 부분이 많은 영역이다.

이러한 영양제 중에는 수의사의 경험을 바탕으로 효과가 있을 법한 것도 있고 실제로 처방되는 경우도 있다. 하지만 이 또한 어디까지나 '치료의 보조'로 처방되는 것이지 뛰어난 치료 효과를 바라고 처방되는 것은 아닐 것이다.

한편 영양제를 고양이에게 잘못 먹이면 부작용을 초래할 위험이 있다. 예를 들어, 지용성 비타민(비타민A, D, K, E)은 과잉 섭취하면 반려묘의 건강을 해칠 우려가 있다. 애초에 종합영양식에는 고양이가 건강을 유지하기 위해 필요한 비타민이 충분히 포함되어 있기에 매일 필요한 칼로리만큼 제대로 밥을 먹고 있다면 비타민제는 따로 필요하지 않다.

또한 인간의 영양제나 보조제는 고양이에게는 맹독일 가능성도 있다. 알파리포산 Alpha-lipoic acid 은 인간에게는 노화 방지와 피로 해소 등의 효과가 있다고 하지만 고양이가 섭취하면 간이 파괴되어 사망할 수도 있다. 게다가 하필 고양이는 알파리포산을 좋아하는 듯해서 반려인 몰래 먹어버릴 가능성도 있다. 알파리포산은 단 한 알만으로도 고양이에게 중독일 일으킬 위험성이 있으니 반드시 고양이 손이 닿지 않는 찬장이나 수납장 등에 넣어두어야 한다.

"조금이라도 고양이 건강에 도움이 된다면…"이라고 기대하는 반려인의 마음은 잘 알지만, 영양제나 보조제는 누구나 쉽게 수입해 판매할 수 있고 효과가 명확하지 않은 것 투성이다. 고양이의 질병 치료를 보조하기 위해 영양제나 보조제를 주고 싶다면 반드시 담당 수의사와 상담한 후 급여를 결정하도록 하자.

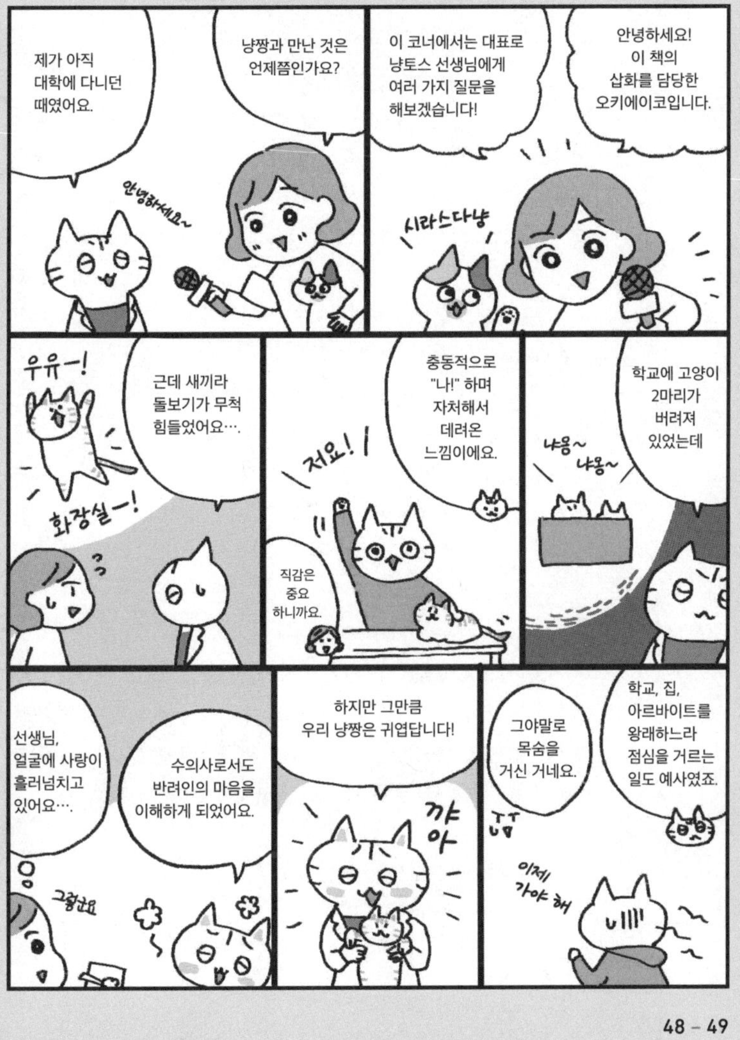

둘 다 데려오고 싶었는데…?

오키에이코(이하 오) 저는 동물보호센터에서 시라스를 입양한 지 곧 1년이 돼요. 정말 매일 예뻐서 저도 완전히 '집사'가 되었어요(웃음). 냐토스 선생님과 냥짱과의 만남은 어땠나요?

냐토스(이하 냐) 수의학과에 갓 입학했을 무렵 선배에게 "학교에 아기 고양이 2마리가 버려져 있는데 누구 키울 사람 없어?"라는 전체 메일이 왔어요. 그때까지는 본가에서 개는 키워봤지만 고양이는 키운 적이 없었죠.

오) 개나 고양이를 키워본 경험 없이 수의사가 되는 사람도 있나요?

냐) 있지요(웃음). "햄스터밖에 안 키워봤어"라고 말하는 사람도 있어요. 저는 반려인의 마음을 이해하는 수의사가 되고 싶다는 생각도 있었기에 고양이와 살고 싶다고 쭉 생각했어요. 그래서 "(에라 모르겠다) 제가 키울게요!" 하고 손을 들었죠.

오) 충동적으로.

냐) 충동적으로(웃음). 다른 사람에게는 "충동적으로 반려동물을 데려오면 안 돼요!"라고 말하면서 말이에요. 심지어 둘 다 키우려고 생각했어요. 하지만 제가 고양이를 키운 경험이 없다는 점에 그 선배가 불안했는지 "둘 중 한 마리만 선택해" 하더라고요.

오) 두 마리는 안 된다고 했군요.

냥) 그렇죠. 저를 못 믿었던 거죠(웃음). 두 마리 모두 고등어 무늬 고양이었는데 무늬가 닮았더라고요. "그럼 몸집이 큰 아이를 데려갈게요!"하고 냥짱으로 정했어요.

오) 결정타가 '몸집이 큰 아이'라는 게 귀여워요.

냥) 아무런 지식이 없었으니 '몸집이 큰 편이 더 건강할 것 같다'라는 직감에서였죠.

우유를 먹이기 위해 부리나케 귀가하던 나날

오) 당시 냥짱은 생후 얼마나 되었었나요?

냥) 태어난 지 2주 정도였어요. 그래서 하루에도 몇 번씩 우유를 먹여야만 했죠.

오) 정말 책임이 막중했네요.

냥) 맞아요. 데려오기는 했는데 처음에는 '이렇게 힘든 거구나'라고 생각했어요. 우유를 먹이려고 아르바이트 휴식 시간에 서둘러 집으로 돌아왔죠. 한 시간 휴식 중 집까지 왕복으로 40분이 걸리니까 남은 20분 동안 우유 먹이기 미션을 수행해야 했죠(웃음). 제 점심은 걸러야 했지만 고양이를 데려온 이상 꼭 책임져야 하니 열심히 했어요. 우유가 필요한 시기는 그렇게 길지도 않고요.

오) 냥짱과 살아보니 고양이에 관한 인상이 변했나요?

 냥) 생각했던 것보다 어리광쟁이에 외로움을 많이 타는구나 싶었어요.

 오) 맞아요. 저도 시라스를 입양한 후 그렇게 생각했어요. 참고로 둘째를 들이고 싶다는 생각은 안 드세요?

 냥) 냥짱은 아기 때 수의학과 친구들이 많이 예뻐한 덕에 사람은 엄청 좋아하는데 고양이에게는 무척 낯을 가려요. 동물병원에서도 다른 고양이를 보면 무서워서 심하게 날뛰어요. 고양이끼리 스트레스를 느끼는 것도 짠하니 냥토스네에서는 한 마리만 키우자고 생각하고 있어요. 그래도 언젠가 제가 독립된 사업장을 가지게 된다면 의지할 곳 없는 고양이들을 거두려고 생각하고 있어요. 그 목표를 향해 열심히 하겠습니다.

 오) 냥토스 선생님의 꿈, 응원할게요!

제 2 장

건강과 장수

바깥에 내보내는 것만으로
고양이의 수명은 3년이나 줄어든다

이 장에서는 나, 수의사 냥토스가 반려 고양이 냥짱을 조금이라도 더 오래 살게 하려고 매일매일 조심하고 있는 것과 냥짱의 건강관리 비결을 전수하고자 한다.

내 고양이를 오래 살게 하기 위해 집사가 해야 할 가장 중요한 일은 '절대 집 밖으로 내보내지 않는 것'이다. 일본의 일반사회법인 펫푸드협회의 조사에 따르면 '실내에서만 생활한' 고양이의 평균 수명은 15.95세였던 것과 비교했을 때 '집 밖으로 나가는 생활을 한' 고양이의 평균 수명은 13.20세였다고 한다. 실내 생활을 기본으로 하더라도 바깥으로 내보내면 고양이의 수명이 3년 가까이 줄어드는 셈이다. 길고양이의 수명은 더 짧아 대부분 2~5년 만에 목숨을 잃는다고 한다.

그렇다면 고양이를 왜 바깥에 내보내면 수명이 줄어드는 것일까? 사고에 휘말리거나 길을 잃는 이유도 있지만 가장 무서운 것이 '감염병'이다. 고양이의 세계에는 아직도 목숨을 위협하는 바이러스가 만연하고 있다.

예를 들어, '고양이백혈병바이러스 Feline Leukemia Virus, FLV'는 림프종이나 백

혈병 등의 혈액암이나 빈혈, 면역 이상에 의한 구내염 등 다양한 질병을 일으킨다. 또한 '고양이파보바이러스Feline Parvo Virus, FPV'는 전염력이 매우 강한 바이러스로, 특히 아기 고양이에게는 심한 구토나 설사를 일으키며 80%에 가까운 확률로 사망하게 한다. 때에 따라서는 성묘 역시 감염되었을 때 죽음에 이르는 경우도 있다. 다른 고양이와 싸우거나 교미를 하면 고양이 에이즈의 원인인 '고양이면역부전바이러스Feline Immunodeficiency Virus, FIV'에 감염될 위험도 커진다.

이처럼 고양이의 세계에서는 인간의 신종 인플루엔자 A(H1N1)Influenza A virus subtype H1N1보다 훨씬 더 무서운 바이러스가 항상 유행하고 있다. 그런 위험한 세계에 소중한 고양이를 있게 하고 싶은가?

"베란다나 발코니에 나가는 정도라면 괜찮지 않을까요?"라는 질문도 자주 받는데, 냥토스의 대답은 "안 괜찮아요!"이다. 최근 2층 이상의 높이에서 떨어져 다치는 '고양이 고지 낙하 증후군Feline High Rise syndrome'이 늘고 있는데 고양이가 왜 뛰어내리는지에 관한 원인은 아직 알려지지 않았다. 높은 층뿐만 아니라 2층에서도 사망했다는 데이터가 있으니 방심은 금물이다.

그런데도 "고양이를 집안에만 가두어 자유를 빼앗는 일은 불쌍하다"라고 주장하는 사람이 아직 있는데, 애초에 고양이는 그다지 넓은 생활공간이 필요하지 않고 안전한 영역 안에서 여유롭게 지내는 동물이다. 우리 집 냥짱도 낮에는 거의 같은 장소에서 자느라 전혀 움직이지 않는다(웃음). 고양이를 바깥에 내보내지 않는다면 집 밖이 고양이의 영역이 되는 일은 없을 테니 실내에서도 문제없이 지낼 수 있을 것이다. 이에 더해 캣타워 등으로 공간에 높이 차이를 두거나 숨숨집을 만들어 주거나 적절한 스크래처를 준비해두는 등 고양이에게 쾌적한 실내 환경이 되도록 구성하면 고양이가 스트레스 없이 행복하게 생활할 수 있다(환경 정비에 관해서는 '제3장 실내 환경' 109쪽 참조).

물론 지금껏 바깥을 드나들며 자유롭게 살아온 고양이를 집 안에만 가두는 일은 꽤 어렵다. 밖으로 나가고 싶다고 계속 조르다 틈이 보이면 잽싸게 탈출하려는 일도 많다고 한다. 이러한 고양이를 온전히 실내에서만 생활하도록 바꾸기는 쉽지 않은 일이지만 고양이가 조르더라도 반려인이나 보호자가 인내심을 갖고 바깥으로 절대 내보내지 않는 것이 중요하다.

또한 고양이가 바깥으로 나가고 싶어 하는 이유 중에는 인간과 한 공간에서 지내는 일에 익숙지 않기 때문일 수도 있다. 그럴 때는 잠시 격리장 케이지에서 기르는 것도 하나의 방법이다. 거실 등 사람이 많은 장소에 격리장 케이지를 두고 실내에서 사람과 지내는 생활에 익숙해지도록 훈련하는 것이다.

동시에 고양이의 본능을 충족하는 실내 환경을 반드시 마련해 주어야 한다. 그중에는 이사 등으로 갑자기 환경이 바뀔 때 완전 실내에서 생활하는 쪽으로 잘 적응되었다는 경우도 있으니 이러한 기회를 이용하는 것도 좋을지 모른다.

또한 중성화 수술은 반드시 하자. 특히 수컷 고양이는 발정기의 암컷 고양이를 찾아 바깥으로 나가려고 하니 중성화 수술로 호르몬 균형을 조절하는 일은 매우 중요하다.

때로는 마음이 아플 때도 있어 힘들 수 있다고 생각한다. 하지만 고양이의 생명이나 건강을 다시금 제대로 생각해 반려인이 강한 인내심으로 이러한 어려움을 마주할 수 있다면 대부분 고양이가 실내에서 생활하는 데에 익숙해질 것이다.

 감염증 예방 백신의 위험과 최적 접종 빈도는?

"그럼 고양이를 실내에서만 생활하게 하면 바이러스의 위협으로부터 고양이를 완벽하게 지킬 수 있나요?"라고 묻는다면, 그렇지는 않다. 왜냐하면 바이러스 중 몇 가지는 어떠한 환경에서도 살아남기에 반려인의 의복이나 신발 등에 묻은 채 쉽게 실내로 침투할 수 있기 때문이다. 즉 고양이를 오직 실내에서만 생활하게 해도 바이러스 감염 위험은 0은 아닌 셈이다. 특히 어느 곳에서든 끈질기게 살아남을 수 있는 '파보 바이러스^{Feline Parvo virus, FPV}' '칼리시 바이러스^{Feline Calici Virus, FCV}' '헤르페스 바이러스^{Feline herpes virus, FHV, FHV-1}'를 예방할 수 있는 '3종 혼합 백신(코어 백신)'은 고양이에게 반드시 접종해야 한다.

백신은 바이러스로부터 고양이를 지키기 위해 꼭 필요하지만 단점이 없지는 않다. 고양이 중 일부는 백신 부작용을 일으키기도 한다. 실은 우리 냥짱도 부작용이 나타난 적이 있는데, 몸을 부들부들 떨기 시작하더니 얼굴도 삽시간에 부어올랐다. 다행히 바로 부작용을 억제하는 주사를 놓아 무사했지만 이러한 위험이 적다고는 볼 수 없다. 백신 접종은 '가능한 한 오전 중에' 하라는 이유도 이러한 만의 하나의 경우에 곧장 동물병원에 달려갈 수 있기 때문이다. 혹은 백신 접종 후 약 30분 정도 동물병원에 머물며 지켜보는 것도 추천한다.

또한 극히 드물기는 하지만 백신을 접종한 부위에 '주사 부위 근종'이라는 암이 생기는 경우도 있다. 최근 연구에 의하면 매년 백신을 접종하면 만성 신장병의 위험 원인이 될 가능성도 있다고 지적받고 있다. 이러한 배경 때문에 습관적으로 매년 백신을 접종하는 것이 아니라 고양이 각각의 감염 위험을 정확히 판단하여 필요 이상의 백신 접종은 피하자는 움직임이 활발해졌다. 세계소동물수의사회 World Small Animal Veterinary Association, WSAVA 의 백신 접종 가이드라인에 의하면 실내에서 고양이 1마리만 생활하고 반려동물 호텔 등을 이용하지 않아 감염 위험이 낮은 고양이는 '3년에 1번 코

어 백신 접종'으로도 충분하다고 한다. 실제로 우리 냥짱도 여기에 해당해서 3년에 한 번 접종으로 맞추고 있다.

한편 다묘 가정이나 실내와 실외를 오가거나 혹은 반려동물 호텔을 이용하는 고양이는 감염 위험이 있다고 생각해도 좋을 것이다. 특히 고양이 헤르페스 바이러스에 한 번이라도 감염된 고양이는 평생 바이러스를 배출하는 '보균 고양이'가 된다. 다묘 가정의 경우 이러한 바이러스 보균 고양이가 있으면 식기나 화장실 등을 매개로 다른 고양이에게 감염될 위험이 있으니 주의가 필요하다. 이처럼 감염 위험이 있는 집의 경우 담당 수의사와 잘 상의하여 접종 빈도나 백신 종류를 정하도록 하자.

또한 실내에서도 감염될 위험이 있는 것은 바이러스뿐만이 아니다. 모기가 운반하는 '심장사상충'인 필라리아^{Filarial Worm}에 감염되기도 한다. 심장사상충은 개의 병이라고 생각하기 쉽지만 최근 연구에 따르면 고양이 돌연사의 원인이 된다는 사실이 밝혀졌다. 동물용 의약품을 만드는 회사인 조에티스^{Zoetis}의 조사에 따르면 심장사상충에 감염된 고양이 중 40%는 실내에서만 생활했다고 하며 일본에서도 홋카이도^{Hokkaido}부터 오키나와^{Okinawa}까지 전국에서 고양이의 심장사상충 감염이 보고되었다고 한다.

고양이 심장사상충은 진단과 치료가 어려운 질병이라 예방이 무엇보다 중요하다. 피부에 직접 바르는 스폿 타입의 약과 먹는 약이 있으니 담당 수의사와 상의하도록 하자.

끊이지 않는 이물질 오식 사고... 실내에도 위험은 많다

실내 생활은 바깥 생활과 비교하면 안심된다고는 하나 실은 집안에도 고양이의 목숨을 위협하는 위험한 물건이 많이 있다. 특히 '이물질 오식'으로 목숨을 잃는 고양이는 아직도 많다.

고양이가 잘못 먹어버리는 이물질 중 가장 많은 것이 '끈'이다. 장난감에 달린 끈이나 신발끈, 장식 리본이나 재봉용 실 등 무엇이든 삼켜버린다. 이러한 끈이 위험한 이유는 장의 연동운동으로 끈을 따라 장이 당겨지면서 후드나 바지 끈을 꽉 조였을 때처럼 장이 삐뚤삐뚤하게 되어 버리기 때문이다. 이렇게 되면 장에 피가 돌지 않아 괴사하거나 내용물이 막히거나 해서 최악에는 목숨을 위협하는 위험한 상태에 빠진다.

또 가늘고 긴 실의 경우 고양이 혀의 뿌리 부분에 걸려 그대로 위에서 장, 때에 따라서는 항문까지 뻗어 나가기도 한다. 고양이의 입이나 항문으로 실이 나와 있으면 반려인이 순간적으로 당겨 빼려고 하기 쉬운데 자칫 장이 찢어지는 경우도 있으니 절대 해서는 안 된다. 이럴 때는 곧장 동물병원으로 데려가야 한다.

'바늘이 꿰어진 실'도 두말할 필요 없이 위험하다. 냥토스는 반려인이 재봉용 실을 정리하는 걸 깜빡해 고양이가 실을 가지고 장난치다 바늘째 삼켜 목구멍에서 눈 안쪽으로 바늘에 찔린 고양이를 2번이나 치료한 적이 있다. 다행히 안구나 큰 혈관에 찔리지

않았기에 큰일이 나지는 않았지만 자칫 잘못했다가는 고양이가 실명할 수 있는 매우 위험한 상태였다.

그렇다면 왜 고양이는 끈을 삼키는 것일까? 실은 고양이도 좋아서 끈을 삼키는 것이 아니다. 고양이의 혀는 무척 까칠까칠한데, 이 돌기를 자세히 보면 목구멍 안쪽을 향해 돋아 있음을 알 수 있다. 이 돌기에 끈이 걸렸을 때 고양이가 혀를 움직이면 움직일수록 목구멍 안쪽으로 실이 끌어 당겨져 의도하지 않게 삼켜 버리는 것이다.

고양이는 끈을 가지고 노는 걸 정말 좋아해 반려인이 깜빡 잊고 치우지 않은 끈을 가지고 혼자 노는 동안 잘못 삼키는 경우가 많다. 그러니 끈 형태의 물건은 반드시 고양이의 손이 닿지 않는 곳에 치우고 불필요한 것은 바로바로 버리도록 하자.

끈뿐만이 아니다. 반려동물용품점이나 대형마트 내 반려동물용품 코너 등에서 자주 볼 수 있는 '쥐 모양 장난감'도 꽤 위험하다. 믿기지 않을지도 모르지만 고양이는 4~5cm 정도 크기의 장난감은 꽤 쉽게 삼킨다. 애초에 고양이는 쥐 등의 소동물을 통째로 삼킬 수 있는데 이를 그대로 본 떠 만든 물건을 삼키는 건 당연히 할 수 있는 일이다. 물론 소동물과 달리 장난감은 고양이 배속에서 소화되지 않으니 수술로 꺼내야만 한다. 이러한 장난감 등을 잘못 삼키는 고양이가 너무도 많아 수의사 사이에서도 "판매를 중지했으면 한다"라는 의견이 나올 정도다. 그러니 집에 있다면 당장 처분하는 것을 추천한다.

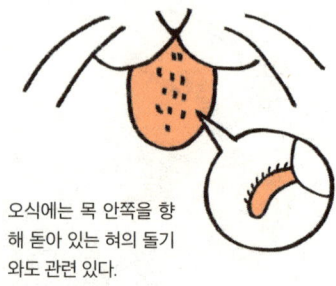

오식에는 목 안쪽을 향해 돋아 있는 혀의 돌기와도 관련 있다.

또한 고양이가 주로 지내는 방에 '조인트 매트'를 까는 것도 피하는 편이 좋다. 특히 임대 주택 등에 거주하는 반려인이라면 바닥 흠집 예방이나 발소리 등의 소음 대책용으로 깔거나 혹은 고양이 관절을 보호하기 위해 매트를 까는 경우가 많은데, 아무래도 고양이는 그 말랑말랑한 식감(?)을 참을 수 없이 좋아하는 듯하다. 매트를 물어뜯으며 장난치는 동안 잘못 삼키는 경우가 정말 많다. 조인트 매트는 신축성이 있어 장에 걸리기 쉽기에 개복수술을 하거나 최악의 경우 고양이가 죽을 수도 있다. 이미 매트가 너덜너덜하게 가지고 노는 걸 즐기는 고양이라면 매트 철거를 진지하게 검토해야 한다고 생각한다.

백합은 맹독 중의 맹독! 식물은 '들이지 않는' 편이 좋다

고양이 반려인이라면 식물도 특히 주의해야 한다. 고양이에게는 700종 이상의 식물이 '독'이 된다고 한다. 이는 고양이가 육식동물로 특화되어가는 과정에서 간의 글루쿠론산 배합이라는 해독 경로를 잃었기 때문이 아닐까 추측되고 있다. 그중에도 백합과의 식물은 맹독 중의 맹독이므로 잎이나 꽃잎을 조금 씹거나 꽃이 담긴 병의 물을 마시기만 해도 고양이가 너무 쉽게 죽을 수 있다. 백합과 식물에는 일반적으로 널리 알려져 사람이 친근하게 느끼는 것도 많은데 나팔나리, 참나리뿐 아니라 튤립, 히아신스, 카사블랑카 등도 이에 해당한다. 고양이가 백합 중독을 일으키면 유효한 치료법이 지금으로서는 없으니 무조건 반려인이 조심하는 방법 외에는 해결책이 없는 게 현실이다.

"그럼 어떤 식물이 고양이에게도 안전할까요?"라고 묻는 반려인도 있는데, 어떤 식물이 고양이에게 어느 정도 독성을 지녔는지는 아직 엄밀하게 증명되지 않았다. 그래서 냥토스네에서는 그 어떤 식물이나 꽃도 절대 '들이지 않는다'를 철저하게 지키고 있다. 같은 이유로 식물의 진액을 농축한 향유Aroma Oil.이나 정유Essential Oil, 식물의 잎, 줄기, 열매, 꽃, 뿌리 따위에서 채취한 향기로운 휘발성 기름도 피하자.

또한 간에 해독 경로가 하나도 없는 것은 약의 대사에도 큰 영향을 준다. 인간과 개는 문제 없이 사용할 수 있는 약이나 양이라도, 고양이에게는 독성이 강하게 나타나는 경우도 이따금 있다. 고양이에게 반려인의 판단만으로 약을 주지 말아야 하는 것은 말할 나위도 없지만 만일을 위해 고양이의 손이 닿지 않는 찬장 등에 보관하도록 하자.

이러한 이야기를 하면 "우리 고양이는 지금까지 문제가 없었으니 괜찮아요!"라고 말하는 반려인도 있는데, 고양이는 갑자기 흥미를 느끼고 예측할 수 없는 행동을 하는 동물이다. 낫지 않는 질병으로 고생하는 고양이가 많은 가운데 오식이나 중독과 관련한 문제는 반려인이 주의만 한다면 미리 예방할 수 있다. 반려인의 지식 부족이나 부주의로 소중한 고양이의 목숨을 잃게 하는 슬픈 일이 일어나지 않도록 집안을 다시금 확인해보자.

 **담배, 향료가 들어간 세제,
냄새 제거 스프레이도 좋지 않다**

인간의 생활 속에서도 고양이에게 해로운 것이 많이 있는데 '담배'가 그 대표적인 물건이다. 인간에게도 흡연자는 물론 간접흡연자에게까지 폐암을 비롯한 수많은 암의 발병 위험을 높이는 것으로 알려져 있다. 국립 암 연구 센터가 "암을 예방하기 위해서는 담배를 피우지 않는 것이 가장 효과적이다!"라는 경종을 울릴 정도로 담배는 건강에 지대한 악영향을 미친다.

담배가 고양이에게 미치는 영향 또한 적지 않다. 실제로 흡연자가 있는 집의 고양이는 혈액암인 '악성림프종^{Malignant Lymphoma}'에 걸릴 확률이 최대 4.1배 높을 가능성이 지적되고 있다. 반려인

중에는 "담배는 바깥에서만 피우고 집안에서는 피우지 않으니 괜찮다!"라고 주장하는 사람도 있는데, 정말로 실내에서 피우지 않으면 아무 문제가 없는 것일까?

최근 연구에 따르면 그 장소에 담배 연기가 없어도 공기 중에 잔류한 담배 유래의 화학물질을 인간과 동물이 마실 수 있다는 사실이 밝혀졌다. 이를 '3차 흡연(잔류 간접흡연)'이라고 하며 그 위험성이 점차 알려지고 있다. 독일의 최신 연구에서는 '금연 영화관'에서도 흡연자의 의복이나 몸에 묻은 유해 물질이 반입되어 담배 10개비 농도의 유해 물질이 있었다고 한다.

이처럼 집에서는 철저히 담배를 피우지 않는다 해도 흡연자의 의복이나 몸에 묻은 유해 물질이 집으로 들어올 가능성은 충분히 있다. 이것들이 털이나 몸에 묻으면 고양이는 그루밍을 통해 유해 물질을 입으로 섭취하게 된다. 흡연자가 있는 집의 고양이가 '구강암 Oral Cavity Cancer'이나 '소화기 림프종 Alimentary Lymphoma'에 걸릴 위험이 큰 이유도 이러한 배경과 무관하다고 할 수 없다.

한편 한 연구에 따르면 흥미롭게도 정기적으로 목욕하는 고양이는 구강암에 걸릴 위험이 10분의 1까지 감소할 가능성이 있다고 한다. 이는 목욕을 통해 피모에 붙은 발암 물질이 씻겨 그루밍 등으로 고양이의 입이나 체내에 들어가는 발암 물질의 양이 감소했기 때문이 아닐까 생각한다.

그러나 고양이 대부분은 목욕을 싫어한다. 실제로 목욕을 하면 고양이의 스트레스 지표인 혈당치나 유산치가 큰 폭으로 상승

한다는 사실도 알려져 있다. 아무리 암 예방을 위해서라고는 해도 고양이에게 스트레스를 준다면 소용이 없다.

이러한 연구를 고려한다면 효과가 입증된 것은 아니지만 반려인이 정기적으로 젖은 수건 등으로 고양이의 몸을 청결하게 해주면 암 예방에 도움이 된다고 할 수 있다.

또한 최근 고양이에게 위험성이 지적되기 시작한 것이 '냄새가 강한 유연제'나 '탈취 살균 스프레이'이다. 이 책의 독자분 중에서도 세탁 세제나 섬유유연제 향 때문에 머리가 아프거나 속이 울렁거린 경험이 있는 분이 많지 않을까 한다.

실은 이것들이 원인이라고 생각되는 반려동물 건강 피해가 2019년에 수의사 전문지에 처음으로 보고되었다. 향료로 사용되는 화학물질에 의한, 이른바 '향해_{香害}'라고 불리는 건강 피해는 아무래도 고양이에게도 일어나고 있는 듯하다.

그 전문지에서는 반려인이 향이 강하게 남는 타입의 유연제를 사용한 이후부터 힘이 없어지고 식욕 저하나 침 흘리기, 간 장애, 신장 기능 저하 등이 관찰된 고양이의 예가 2건 보도되었다. 그중 1건은 의식 혼미까지 증상이 진행되었으나 적절한 치료와 유연제 사용 중지로 목숨을 구했고 증상도 개선되었다고 한다.

탈취 살균 스프레이는 고양이에서 보고된 사례는 없지만 탈취 스프레이를 자주 사용하는 집의 개가 눈물이나 눈곱, 호흡 곤란 등의 증상을 보여 스프레이의 사용을 멈추자 증상이 개선되었다고 한다. 그러니 반려동물 근처에서는 사용하지 않는다.

　또한 곰팡이나 물때 등을 제거하는 '염소계 세정제'에 의한 고양이 건강 피해도 2건 보고된 바 있다. 모두 반려인이 욕실 청소 등으로 염소계 세정제를 사용한 것을 가까이에서 지켜본 고양이에게 증상이 나타났다고 한다. 1건은 고양이가 호흡 곤란 증상으로 입원했고 또 1건은 증상이 나타난 지 약 열흘 만에 고양이가 사망했다고 한다. 이러한 세정제를 사용할 때는 환기를 제대로 하면서 고양이가 가까이 오지 않도록 최대한 주의하자.

오식에 주의해야 할 주요 물건

(볼드체는 특히 주의)

생활용품 종류

☆ **모든 끈류** (신발 끈, 비닐 끈, 포장 끈, 털실 등)
☆ **머리끈, 고무줄**
☆ **재봉 도구** (실, 바늘 등)
☆ **낚싯줄, 바늘**
☆ **비닐류** (비닐봉지, 쓰레기봉투, 랩, 사용한 작은 소스 봉투 등)
☆ 조인트 매트, 스펀지 소재 제품
☆ 인간용 알약이나 영양제
☆ **수건이나 옷 등의 패브릭 소재 제품**
　※ 울 서킹(204쪽 참조)을 하는 고양이는 특히 주의
☆ **진통제가 함유된 파스나 찜질팩**
☆ 귀고리 등의 액세서리
☆ 휴지, 물티슈
☆ 보냉제 (최근에는 잘 사용하지 않지만 에틸렌글리콜이 사용된 것은 독성 있음)
☆ 동전 (삼키는 경우는 매우 드물지만 전혀 없지는 않고, 장폐색을 일으키기 쉽다는 데이터 있음)

식물 종류

☆ **백합과** (나팔나리, 참나리, 튤립, 히아신스, 카사블랑카 등)는 절대 금물
☆ **가지과** (가지, 토마토 등으로 열매보다 잎이나 줄기가 위험)
☆ **아보카도** (잎이나 줄기가 위험, 열매도 주의)
☆ **그 외 700종류 이상의 독**
　※ 식물 각각의 독성에 관해서는 아직 밝혀지지 않았기에 기본적으로는 '모두 반입 금지'가 낫다

장난감 종류

☆ **쥐 모양을 본뜬 장난감**
☆ **끈이 달린 장난감**
　※ 그 외에 삼킬 수 있는 크기의 장난감. 특히 고무 제품은 장폐색 위험성이 크니 요주의

고양이의 건강에 해로울 수 있는 주요 물건

(볼드체는 특히 주의)

인간의 식자재 종류

기본적으로 인간의 음식은 주어서는 안 된다!

먹으면 위험한 것

☆ **양파 / 마늘 / 부추 / 파** / 전복 / **초콜릿** / **카페인 함유 음료**
☆ 생고기
  → 톡소플라즈마(Toxoplasma) 등 인간에게도 감염 위험이 있어 매우 위험, 특히 임부나 어린 아이, 노인이 있는 가정에서는 주의
  → 데친 닭가슴살 등 익힌 것이라면 OK
☆ 뼈가 붙은 고기 / **알코올** / 아보카도

많이 먹으면 위험한 것

☆ 생오징어 / 문어 / 등푸른생선(ex.가다랑어) / 생간
☆ 과일 (당분이 많고 무화과 등 고양이에게 독성이 있다고 알려진 것도 있음)
☆ 채소 (소화가 어려움)
☆ 반려견 사료 (필수아미노산 차이 있음)

주의가 필요한 것

☆ 우유

개에게는 위험하지만, 고양이는 잘 알려져 있지 않은 것

☆ 땅콩 / 포도, 건포도 / 자일리톨

인간의 생활용품 종류

건강을 해칠 위험이 매우 높은 것

☆ **담배** / 향료가 들어간 세탁용 세제나 섬유유연제 / 탈치 살균 스프레이 / **살충제** / 아로마 오일 / 정유

위험할 가능성이 있으니 가능한 한 피하는 편이 좋은 것

☆ 인센스 스틱과 콘

'반년에 1번' 건강 검진은 인간의 '2년에 1번' 검진과 같다

당신은 고양이에게 규칙적으로 건강 검진을 해주는 반려인인가? 고양이도 건강 검진을 받는 편이 좋음을 알아도 '얼마나 자주 받으면 좋지?' '실제로 어떤 검사를 받아야 하지?' 등 이것저것 생각하느라 자꾸만 건강 검진을 미루고 있지는 않은가?

고양이는 본능적으로 자신의 질병을 숨기려는 습성이 있어 몸이 좋지 않다는 고양이의 사인을 반려인이 좀처럼 알아채기 어렵다고 한다. 설령 알아챘다 하더라도 만성 신장병이나 암 등은 증상이 나타나지 않는 채로 서서히 진행되기에 증상이 드러날 무렵에는 이미 손 쓸 수 없게 늦은 경우도 많다. 정기적인 건강 검진을 통해 이러한 질병을 조기에 발견하고 치료할 수 있다면 고양이의 수명도 훅 늘어날 것이다.

그렇다면 '몇 살부터' '어느 정도의 빈도로' 고양이가 건강 검진을 받게 하면 좋을까?

우선 만성 신장병이나 암 등 다양한 질병 발병의 위험이 상승하는 7~8세 무렵부터는 반년에 1번 정도의 빈도로 고양이 건강 검진을 추천한다. '그렇게 짧은 간격으로 건강

검진을 받을 필요가 있나?'라고 생각할지도 모르지만 이는 인간으로 환산하면 2년에 1번 검진과 같다. 인간은 대부분 직장이나 학교 혹은 개인적으로도 매년 건강 검진을 받는다. 그렇게 생각하면 고양이의 시간으로 '6개월에 1번'은 결코 자주 건강 검진을 받는 게 아니다. 소변검사와 같은 간이 검사는 고양이가 동물병원에 오지 않아도 검사할 수 있으니 조금 더 빈도를 늘려 1년에 3~4회 정도 검사하면 더욱더 안심할 수 있다.

"그럼 젊고 건강한 고양이는 건강 검진이 필요 없나요?"라고 묻는다면 그렇지는 않다. 분명 노령의 고양이가 걸리기 쉬운 질병이 더 많지만, 어릴 때 걸리는 질병도 많다. 그래서 젊은 고양이라도 최소 1년에 1번은 건강 검진을 받는 것을 추천한다.

예를 들어, 요로결석은 3세 미만인 고양이라도 발병하며 목숨에 지장을 주는 급성 신부전으로 악화하는 경우도 있다. 그러니 소변 검사나 초음파 검사 등으로 내 고양이가 요로결석이 생기기 쉬운 체질인지 아닌지, 결석이 이미 생겼는지 아닌지를 확인해 둘 필요가 있다.

그렇다면 구체적으로 어떤 항목을 검사하면 좋을지 우리 집 냥짱을 예로 들어 설명하겠다.

건강 검진, 냥토스네는 어떻게 하고 있을까?

　우리 냥짱은 현재 8세인데 6개월마다 진행하는 건강 검진 항목으로 '일반적인 신체검사' '혈액 검사' '소변 검사' '엑스레이 검사' '복부 초음파 검사'를 받게 한다. 이들 검사를 받을 때는 밥을 먹은 후 검사하면 주로 혈액 검사 항목에 영향을 줄 가능성이 있어 가능한 한 약 8~12시간 정도 금식해 배 안을 비워두어야 한다. 물은 마셔도 괜찮다. 도저히 금식이 어려울 때는 담당 수의사와 의논해보자. 더불어 소변과 대변을 지참할 필요가 있다면 미리 준비해둔다(채뇨에 관해서는 105쪽 참조).

　준비되었다면 검사 당일 동물병원으로 간다. 건강 검진 사전 예약이 필요할 때는 잊지 말고 꼭 해두자.

　우선 일반적인 신체검사에서는 열은 없는지, 심장 소리와 호흡의 횟수에 이상은 없는지, 림프샘이 부어 있지 않은지, 입안 등에 상처나 염증 등은 없는지 확인한다. 혈액 검사는 전체적으로 고양이 몸 안에 이상이 발생하지 않았는지를 알아보는 데 무척 유용한 검사이다.

　또한 소변을 검사함으로써 얻을 수 있는 정보가 많은데, 고양이는 소변과 관련한 질병이 매우 많으니 소변 검사는 필수이다. 소변에 눈에 보이지 않는 혈액이 섞여 있지 않은지, 단백질이 유출되지는 않는지, 결석이 생기기 쉬움의 기준이 되는 pH는 정상인지, 결석의 원인이 되는 결정은 생기지 않았는지 등이 있다.

엑스레이 검사는 장기의 크기와 위치에 이상이 없는지 대략이라도 파악하는 데 효과적이다. 예를 들어, 심장 그림자가 크다면 심장 질환의 가능성을 염두에 두고 더욱더 자세한 검사를 진행할 수 있다. 또한 폐의 이상이나 신장이나 방광 안 결석 유무도 알 수 있다.

복부 초음파 검사에서는 엑스레이 검사로는 알 수 없는 내장의 자세한 구조나 혈류의 관찰, 엑스레이에는 찍히지 않는 종류의 요로결석 발견 등에 도움이 된다. 특히 장의 구조나 움직임을 관찰하는 일은 초음파 검사의 커다란 장점으로 소화기형 림프종 같은 무서운 질병도 조기에 발견할 수 있게 한다.

위와 같은 검사를 몇 시간에서 반나절 정도 고양이가 입원해 시행하는 동물병원이 많다. 비용은 동물병원에 따라 다르지만 대체로 2만 엔(약 20만 8천 원) 전후 정도이다. 치료가 아니라 질병의 예방과 조기 발견을 목적으로 시행하는 건강 검진은 반려동물 보험에 가입되어 있더라도 보험이 적용되지 않는 경우가 많아 기본적으로는 반려인이 전액 부담하게 된다. 적은 돈은 아니지만 내 고양이의 무병장수를 위해 꼭 필요한 돈이니 평소 미리 준비해두면 좋겠다.

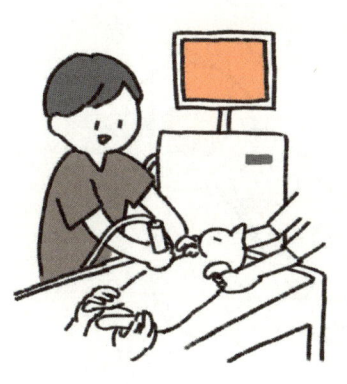

더욱더 안심하고 싶다면 다음의 검사도 추가하자

추가로 심장 초음파 검사는 반드시 확인해두면 좋은 항목이다. '비대형 심근병증Hypertrophic Cardiomyopathy'은 고양이에게 가장 많이 발병하는 심장병이다. 어느 날 갑자기 모르는 사이에 증상이 나타나는 '대동맥혈전색전증Aortic thromboembolism'도 이 심근병증이 서서히 진행되는 중에 발병한다.

엑스레이 검사와 달리 초음파 검사에서는 심장 근육의 두께와 세세한 움직임 등을 관찰할 수 있어 심장 질환 조기 발견에 도움이 된다. 고양이 나이가 8~9세까지는 2~3년에 1번, 9세 이상은 1년에 1번을 기준으로 검사를 받으면 좋다.

최근에는 혈액 검사로도 비대형 심근병증의 존재를 예측할 수 있게 되었다. 'NT-proBNP'는 심장 근육에서 분비되는 호르몬인데, 증상이 없는 심근병증 고양이에게서 이 호르몬의 혈중 농도가 상승하고 있음을 알게 되어 심장 질환의 조기 발견에 유용할 가능성이 보고되었다.

건강 검진 결과는 이렇게 보자

건강 검진을 받으면 아래와 같은 결과 용지를 줄 것이다.
여기에서는 검사에 등장하는 용어나 해석 방법 포인트를 냥토스가 설명하겠다.

※ 건강 검진 보고서의 일례

건강 진단 보고서

후타미 님
타마 짱
고양이 6세 2개월 체중 4.2kg 체온 ℃ 맥박 /분 호흡수 /분

접수일: 2020.4.1
보고일: 2020.4.2
재료:
유미:( ) 용혈:( )

항목	이번 검사치수	단위	참고기준범위	L				H	2019/ 04/01	2018/ 04/01
백혈구수	6500	/μL	5500 - 19500	-	-	○	-	-	5000	6600
적혈구수	939	만/μL	500 - 1000	-	-	-	○	-	964	920
헤모글로빈	15.3	g/dL	8.0 - 15.0	-	-	-	-	▲	16.8	16
헤마토크리트(Ht)	48.6	%	24.0 - 45.0	-	-	-	-	▲	48.7	53.7
MCV	51.8	fL	39.0 - 55.0	-	-	-	○	-	50.5	58.4
MCH	16.3	pg	12.5 - 17.5	-	-	-	○	-	17.4	17.4
MCHC	31.4	%	32.0 - 36.0	▼	-	-	-	-	34.5	29.8
혈소판	20.0	만/μL	30.0 - 70.0	▼	-	-	-	-	20.4	17.8
총단백(TP)	7.0	g/dL	5.7 - 7.8	-	-	○	-	-	7.1	7
알부민(ALB)	3.5	g/dL	2.3 - 3.5	-	-	-	○	-	3.6	3.4
글로불린(Glob)	3.6	g/dL	2.8 - 5.0	-	-	○	-	-	3.4	3.5
A/G비	1.0		0.1 - 1.1	-	-	○	-	-	1	0.94
총빌리루빈(T-Bil)	0.1 미만	mg/dL	0.0 - 0.4	-	-	○	-	-	0.1 미만	0.1
AST(GOT)	26	U/L	18 - 51	-	-	○	-	-	25	31
ALT(GPT)	85	U/L	22 - 84	-	-	-	-	▲	73	98
ALP	71	U/L	0 - 165	-	-	○	-	-	67	76
γ-GTP(GGT)	1 미만	U/L	0 - 10	-	-	○	-	-	1 미만	0.4
리파아제(Lip)	20	U/L	0 - 30	-	-	-	○	-	16	23
요소질소(BUN)	27.3	mg/dL	17.6 - 32.8	-	-	-	○	-	30.9	27
크레아틴(CRE)	1.46	mg/dL	0.80 - 1.80	-	-	-	○	-	1.11	1.3
총 콜레스테롤(T-Cho)	205	mg/dL	89 - 176	-	-	-	-	▲	190	176
중성지방(TG)	63	mg/dL	17 - 104	-	-	○	-	-	87	62
칼슘(Ca)	9.6	mg/dL	8.8 - 11.9	-	-	○	-	-	10.4	9.8
무기인(IP)	4.0	mg/dL	2.6 - 6.0	-	-	○	-	-	4.1	4.4
혈당(Glu)	134	mg/dL	71 - 148	-	-	-	○	-	129	112
나트륨(Na)	151	mEq/L	147 - 156	-	-	○	-	-	155	
염소(Cl)	116	mEq/L	107 - 120	-	-	○	-	-	117	
칼륨(K)	3.8	mEq/L	3.4 - 4.6	-	-	○	-	-	4.2	

(혈액 검사에 등장하는 주요 용어 해설)

혈구검사(CBC) = 온몸에 흐르는 '혈액의 이상'을 검출하는 검사

적혈구수
산소를 운반하는 적혈구의 개수다. 동시에 '혈액의 농도'를 나타내는 헤마토크리트(Ht) 값 (혹은 PCV)이나 혈색소인 헤모글로빈 값도 측정한다. 일반적으로 탈수나 빈혈 유무를 판단한다. 적혈구의 크기나 헤모글로빈 농도를 나타내는 MOV, MCH, MCHC는 빈혈의 원인을 예측하는 데 사용된다.

백혈구수
백혈구는 세균이나 바이러스 등의 병원체로부터 몸을 지키거나 상처를 치유하는 역할을 담당하는 세포다. 증가했다면 감염을 일으키고 있거나 몸속에서 염증이 일어났을 수 있다.

혈소판수
출혈을 멈출 때 활약하는 혈소판의 개수다. 적다면 피가 잘 멎지 않는 질병일 가능성이 있다. 또한 채취한 혈액을 어떻게 다루느냐에 따라 낮은 수치가 나올 수도 있다.

혈액생화학검사 = '각 장기의 이상'을 검출하는 검사

요소질소(BUN)/크레아틴(CRE)
체내에서 에너지를 사용할 때 나오는 '연소 가스'들이다. 보통은 신장에서 여과되어 소변과 함께 배출되지만 신장이 나빠지면 혈액 속에 남아 있어 수치가 높아진다. BUN은 탈수나 혈액의 흐름이 좋지 않을 때, CRE는 근육이 감소하는 병(갑상선 기능항진증 등)이 있을 때 올바르게 판단할 수 없을 때도 있다.

ALT(GPT)/AST(GOT)
주로 간 세포가 망가졌을 때 혈액에서 검출되는 산소다. 간 손상의 지표로 자주 관측되는데 높다고 해서 간 기능이 저하되었다고는 할 수 없으니 주의해야 한다. 반려인의 판단으로 처방식을 먹이면 병을 악화시킬 수도 있다. AST(GOT)는 간 이외의 장기 손상에도 상승해서 ALT(GPT)만 측정하는 병원도 많다.

ALP/γ-GTP(GGT)
ALP나 GGT는 담즙의 흐름이 나빠졌을 때 혈액에서 검출되는 산소다. 특히 고양이에게 ALP가 상승했을 경우 지방간이나 담관 간염, 갑상선 기능항진증, 당뇨병 등 심각한 질병인 경우가 있다. ALP가 상승했다면 증상이 그다지 없더라도 자세한 검사를 받는 게 좋다.

혈당치(Glu)
당뇨병의 지표가 된다. 그러나 고양이의 경우 채혈할 때 흥분하거나 스트레스를 받으면 일시적으로 상승해서 정확한 평가를 할 수 없을 때가 있다. 소변 검사에서 당이 검출되었거나 스트레스의 영향을 받지 않는 FRA 등의 항목을 추가 검사하여 종합적으로 평가한다. 한편 간 기능이 나빠졌을 때는 저혈당이 되기도 한다.

단백
총단백(TP)은 주로 알부민(ALB)와 글로블린(Glob)이 주성분이다. ALB는 영양 상태나 간, 장, 신장 기능을 반영한다. Glob는 면역에 관련한 단백이라 주로 감염되었을 때 상승한다.

지질
총콜레스테롤(T-cho)이나 중성지방(TG) 등이 포함되는데 고양이에게는 인간에게 많은 동맥경화나 지질 이상증은 매우 드무니 수의학 영역에서는 그다지 중요한 검사항목이 아니다.

전해질
나트륨(Na), 칼륨(K), 염소(Cl)나 칼슘(Ca), 인(P)이 포함된다. 이른바 몸의 미네랄 균형을 보는 검사 항목으로 탈수 유무나 신장, 장의 기능 등을 반영한다.

(주요 장기와 기관 상태는 이 항목을 확인!)

(↑… 상승에 주의 ↓… 하강에 주의)

간
- 간 손상 : ALT(↑), AST(↑)
- 담즙의 흐름 악화 : ALP(↑), γ-GTP(GGT :↑), 총빌리루빈(↑), 총콜레스테롤(↑)
- 간의 기능이 악화(간 부전) : 알부민(↓), 총콜레스테롤(↓), 혈당(↓), 요소질소(BUN :↑), 암모니아(↑), 총담즙산(↑)

신장
요소질소(BUN :↑), 크레아틴(↑), 인(↑), 칼슘(↓), 나트륨(↑), 칼륨(↓), SDMA(↑)

췌장
혈당(↑ : 당뇨병), 총콜레스테롤(↑ : 당뇨병), 리파아제, spec fPL(↑ : 췌장염)

심장
NT-proBNP(↑)

장
총단백(→/↓), 알부민(↓), 글로불린(Glob : →/↓), 나트륨(↑), 칼륨(↓), 염산(↑)

갑상선
ALT(↑), ALP(↑), 갑상선호르몬(T4 : ↑)

탈수
헤마토크리트·PCV(↑), 나트륨(↑), 염산(↑), 총단백(↑), ALB(↑), 요소질소(BUN :↑)

빈혈
헤마토크리트·PCV(↓), 적혈구 수(↓), 헤모글로빈(↓)

염증
백혈구 수, SAA(↑)

고양이 신장 상태를 더욱 자세히 알기 위한 혈액 특수 검사로는 신장병 조기 발견 마커인 'SDMA Symmetric dimethylarginine'가 있다. 이 SDMA는 기존 신장병 검사 항목인 크레아티닌보다 평균 17개월이나 더 빨리 상승하는 것으로 나타났다. 신장병은 처방식 등에 의한 치료를 조기에 함으로써 질병의 진행을 크게 늦출 수 있으니 유용한 검사 항목이라고 할 수 있다. 실제로 2019년에 개정된 국제 수의사 신장 질환 연구 그룹 International Renal Interest Society, IRIS 의 만성 신장병 스테이지 분류에서는 이 SDMA가 평가 항목에 추가되어 수의사의 주목도가 높은 검사 항목임을 알 수 있다.

또한 노령의 고양이에게 자주 보이는 갑상선 기능 항진증은 갑상선 호르몬인 'T4'를 측정하여 진단이 가능하다. 이러한 검사도 여유가 있을 때 건강 검진으로 받으면 좀 더 마음을 놓을 수 있을 것이다.

동물병원에 따라서는 검사할 수 없는 항목도 있으니 담당 수의사와 잘 의논하여 고양이의 나이와 현재 상태에 맞는 건강 검진 항목을 검토해보길 바란다.

 집에서도 꼼꼼하게 건강 체크를 하자

반려인은 건강 검진을 위해 정기적으로 고양이를 동물병원에 데려가는 일은 물론, 일상생활 속에서도 고양이의 작은 변화를 재빨리 알아차리는 일도 정말 중요하다. 냥토스네에서 실천하는 '집에서 고양이 건강 체크 포인트'를 살펴보도록 하자.

체중은 g(그램) 단위 측정이 가장 좋다

비만은 당뇨병을 비롯한 다양한 질병의 위험 요소가 되고, 반대로 체중이 감소하는 경우는 이미 다양한 질병이 증상 없이 진행되고 있을 가능성이 크다고 생각한다. 그러니 비만 예방과 질병의 조기 발견을 위해 자주 고양이 체중을 기록하자.

가능하면 g(그램) 단위로 측정할 수 있는 반려동물 체중계가 가장 좋지만, 100g 단위 이하를 측정할 수 있다면 인간용(특히 신생아용) 체중계라도 상관없다. 다만 고양이의 100g은 인간으로 치면 1kg 정도에 해당하니 반려인이라면 인간에게는 미미하다고 생각되는 고양이의 체중 증감도 간과하지 않도록 하자.

안기는 걸 좋아하는 고양이라면 반려인이 고양이를 안은 상태로 인간용 체중계에 올라가 체중을 잰 다음 반려인의 체중을 빼는 방법도 좋다. 우리 집 냥짱은 종이가방이나 종이상자를 아주 좋아해서 그 안에 들어가 놀고 있을 때 그대로 들어 체중계에 올리는 방법을 사용한다. 종이가방이나 종이상자의 무게만 빼면 쉽게 고양이 체중을 잴 수 있기에 추천한다.

심한 통증은 모습이나 표정으로도 판단할 수 있다

고양이가 높은 곳을 오르내리는 게 힘들어 보이면 '우리 고양이도 나이를 먹었구나…'라고 생각하기 쉽지만, 어쩌면 몸이 아픈 것뿐만이 아닐지도 모른다. 특히 관절염(변형성관절증)은 정도의 차이는 있지만 대부분 고양이에게 발병할 가능성이 지적되고 있다.

6세 이상의 고양이 100마리를 대상으로 한 연구에 따르면 61%의 고양이에서 관절염이, 특히 14세 이상의 고양이에서는 실제로 82%가 관절염이 있었다고 한다. 관절염은 생명에 위협이 되는 질병은 아니지만 고통이 커 고양이의 삶의 질 Quality Of Life, QOL 이 현저하게 떨어진다.

고양이가 '움직임이 줄었다' '자는 시간이 늘었다' '화장실 입구의 단차가 불편해져 화장실 주변에서 실수하는 일이 늘었다' '그루밍이나 스크래칭 횟수가 줄었다' 등의 모습을 보일 때도 관절염을 앓고 있을 가능성이 있다. 다이어트나 진통제 등으로 통증을 조절하면 다시 옛날처럼 활발하게 움직일 수도 있으니 무조건 나이 탓으로 돌리지 말고 담당 수의사와 상담해보자.

그리고 관절염 같이 서서히 오는 통증(만성 동통)이 아니라 강한 통증(급성 동통)이 있을 때는 인간으로 말하자면 얼굴을 찡그리는 표정 변화가 고양이에서도 볼 수 있다. '눈을 가늘게 뜬다' '뽕주둥이가 긴장했다' '귀를 바깥으로 향하고 있다' '수염이 일직선으로 앞쪽을 향해 쭉 뻗어 있다' '얼굴이 어깨보다 처져 있

(표정과 자세를 보고 통증을 알 수 있다)

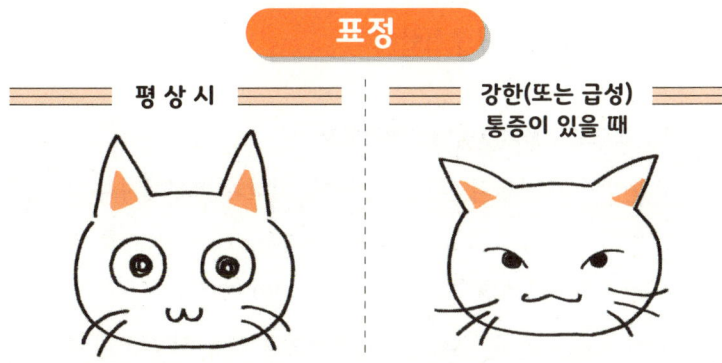

강한 통증을 느낄 때는 평소보다 눈을 가늘게 뜨고 뽕주둥이가 긴장하며 귀를 뒤로 젖히고 수염을 곧게 세우는 등의 표정이 나타날 수 있다.

자세에도 힌트가 있을 수 있다. 얼굴이 어깨 위치보다 내려간 채 가만히 있거나 별로 움직이지 않으려는 등의 모습이 보인다면 주의하자.

다' 등의 변화가 있다면 현재 고양이가 견디기 어려운 강한 통증을 느끼고 있을지도 모른다. 만일의 경우를 위해 81쪽의 고양이 표정과 자세를 외워두길 추천한다.

스킨십으로 멍울이나 상처를 점검하자

고양이 사망 원인의 1위는 '암'이다. 인간과 마찬가지로 고양이의 암도 조기에 발견할 수 있다면 완치가 가능하다. 특히 암컷 고양이에게 잘 발병되는 '유방암'은 진행이 빠른 암으로 반려인이 눈치챘을 때는 이미 손 쓰기 늦은 경우도 많다. 한 연구에 따르면 종양의 크기가 2cm 이하일 때 발견할 수 있다면 이후 생존 기간이 훨씬 길어질 수 있다고 한다.

유방암으로 고통받는 고양이의 수를 0으로 만드는 '캣 리본 운동'에서는 유방암 조기 발견을 위해 '유방암 체크 문질문질 마사지'를 권장한다. 고양이가 기분이 좋을 때를 노려 아래 그림처럼 고양이가 위를 쳐다보도록 무릎에 끼우듯 눕히자. 가슴 주변, 겨드랑이 아래부터 허벅다리 부분까지 복부의 넓은 부분을 마사지하는 느낌으로 멍울이 없는지 체크하자.

고양이에게 스트레스가 되면 안 되니 고양이가 싫어하면 즉시 멈춘다. 무리하지 않는 선에서 고양이가 내켜 할 때마

집에서 자주 유방암을 체크하자

다 조금씩 체크해보자. 자세한 방법은 '캣 리본 운동 공식 홈페이지(https://catribbon.jp)'를 참고하기 바란다.

또한 유방암은 호르몬의 영향을 크게 받으므로 적절한 시기에 중성화 수술을 하는 것만으로도 그 발생을 대폭 줄일 수 있다. 구체적으로는 생후 12개월 이내에 중성화 수술을 받으면 약 90% 정도 유방암 발병을 막을 수가 있지만 생후 12개월이 넘으면 10% 정도밖에 발병을 억제할 수 없게 된다. 대부분 암은 아무리 조심해도 완벽하게 예방할 수 없지만 유방암은 확립된 예방법이 있는 몇 안 되는 암이다. 그러니 생후 6개월경 즈음 담당 수의사와 의논하여 고양이가 중성화 수술을 받게 하자.

유선 부분 외에도 암이 생길 수 있다. 고양이 피부에 생기는 '비만세포종 Mastocytoma'은 유방암 등과 비교하면 그다지 악성인 암은 아니지만 역시 빨리 제거하는 편이 가장 좋다. 또한 '백신 접종(57쪽 참조)'에서도 이야기했듯 극히 드물게 백신을 접종한 부위에 '주사 부위 육종'이라는 암이 생길 수가 있다. 그러니 고양이 백신 접종 후에는 주사 맞은 곳에 혹이 생기지 않았는지 유심히 살펴보도록 하자. 조기에 발견했다면 완전히 절제할 수 있다.

악성도가 높은 암으로는 얼굴 주변에 생기는 '편평상피암'이 있는데 자외선과 관련 있다고 알려져 있다. 색소가 연한 흰색 고양이는 자외선의 영향을 받기 쉬워 편평상피암의 위험이 크다고 하니 흰색 고양이를 반려한다면 고양이가 햇볕을 너무 많이 쬐지 않도록 주의한다. 특히 자외선이 강한 여름에는 고양이가 몇 시간이나 햇볕을 쬐는 일이 없도록 주의해야 한다.

이 암은 멍울이 아니라 상처를 만드는 일도 많으니 털이 얇은 귀 끝이나 코 끝, 입 주위, 입안 등에 잘 낫지 않는 상처나 딱지, 구내염 등이 있을 때는 주의해야 한다. 고양이에게 많이 발생하는 난치성 구내염은 좌우대칭으로 생기지만 편평상피암은 한쪽만 구내염이 생기는 것도 특징이다.

매일 고양이를 쓰다듬을 때마다 몸에 멍울이 생기지 않았는지, 지금까지는 없던 상처가 새로 생기지는 않았는지 반려인이라면 잘 관찰해야 한다.

소변이나 음수량을 확실히 파악해두자

노령의 고양이가 걸리기 쉬운 3대 질병인 '만성 신장병' '갑상선 기능 항진증' '당뇨병'은 모두 소변의 양이 비정상적으로 늘고 자주 목이 말라 물을 많이 마시는 것이 특징이다. 따라서 반려인은 고양이 소변량과 물 마시는 양을 잘 관찰해두면 좋다.

소변량은 벤토나이트 모래를 쓴다면 덩어리의 크기를, 시스템 화장실을 쓴다면 배변 패드에 묻은 소변의 지름으로 판단하자. 크기나 지름이 점점 커진다면 이러한 질병들이 숨어 있을 가능성이 있다.

정확한 음수량을 파악하기 위해서는 다음 그림처럼 증발량을 고려한 방법으로 재면 좋다. 어디까지나 예시지만, 고양이가 '체중×50mL' 이상 물을 마시고 있다면 물을 지나치게 많이 마시고 있는 것인지도 모른다. 고양이마다 물을 마시는 양에는 차이가 있으니 평소 고양이의 음수량을 기록해두었다가 증가 혹은 감소하는지 체크해보자. 또한 습식사료나 생식을 먹이고 있다면 '습식사료량(g)×0.7~0.8'이 식사로부터 섭취하는 수분량(mL)이니 음수량에 더하면 된다.

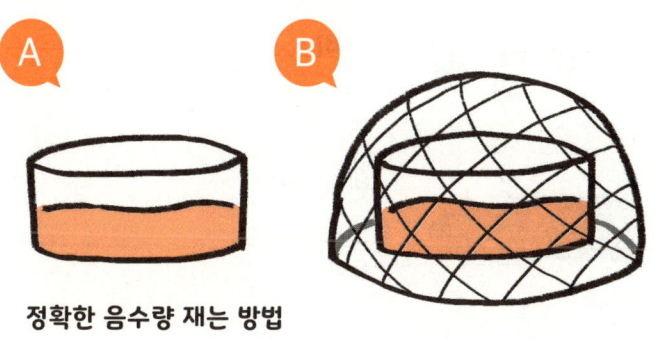

정확한 음수량 재는 방법

같은 모양의 물그릇 A와 B를 준비, 양쪽에 같은 양의 물을 넣는다.
A는 평소대로 고양이가 자유롭게 마시는 장소에 두고
그 옆에 고양이가 마시지 못하도록 망을 씌운 B를 놓는다.
B의 남은 물의 양 - A의 남은 물의 양 = 고양이가 마신 물의 양

변비는 가볍게 생각하지 말고 빠르게 대처하자

소변뿐 아니라 대변의 상태를 관찰하는 것도 반려 고양이의 건강 상태를 파악하는 데 매우 중요하다. 특히 고양이는 변비에 걸리기 쉬운 동물이다. 화장실에서 힘을 주는데도 좀처럼 대변이

나오지 않을 때나 작고 동글동글한 모양의 대변이 조금씩 나온다면 현재 고양이가 변비일 가능성이 있다. '변비쯤이야' 하며 대수롭지 않게 생각하기 쉽지만 내버려 두는 것은 좋지 않다.

 변의 형태와 변비의 정도

변비
딱딱하고 동글동글한 토끼 똥 같은 변

변비 기미
표면에 약간 금이 간 정도의 단단한 소시지 상태의 변

보통 변
표면이 매끄럽고 부드러운 소시지 상태의 변

무른 변·설사
무른 변, 진흙이나 액상의 설사

대변이 단단해지면 대변을 볼 때마다 통증을 수반하게 되는데, 통증이 있으면 고양이는 대변 보는 것을 더욱 참게 된다. 대변은 참을수록 대장에서 수분이 흡수되는 시간이 길어져 더욱더 대변이 딱딱해진다. 이러한 악순환에 빠지면 때로는 식욕이나 기운이 없어질 정도로 증상이 악화하기도 한다. 이렇게까지 되면 동물병원에서 관장이나 손가락 등의 도구로 변을 파내는 처치가 필요할지도 모른다.

하지만 그럼에도 계속 변비를 방치하면 장에 딱딱한 대변이 쌓이는 '거대결장증'이라는 질병을 초래할 수도 있다. 또한 늘어날 대로 늘어난 장은 원래 상태로 돌아가지 않기에 수술로 장의 일부를 잘라내야 할 수도 있다.

이렇게 되기 전에 미리미리 고양이의 대변 상태를 잘 관찰해 변비 기미가 보이면 식사를 습식사료 위주로 바꾸거나 담당 수의사와 상담하여 변비에 효과가 좋은 처방식을 처방받는 등 빠르게 대응할 수 있게 신경 쓰자. 우리 집 냥짱도 이따금 변비 기미를 보이는데 그럴 때는 처방식을 먹이고 있다.

또한 변비는 만성 신장병 초기에도 볼 수 있는 증상이다. 변비로 동물병원을 방문했던 고양이를 조사한 한 연구에 따르면 만성 신장병을 앓는 고양이는 그렇지 않은 고양이보다 3.8배 더 변비 위험이 높았다고 한다. 이를 뒤집어 생각하면 변비에 잘 걸리는 고양이는 만성 신장병일지도 모른다는 뜻과 같다. 고양이의 변비가 오래가는 듯하다면 건강 검진 겸 동물병원에서 진찰받아 보기를 추천한다.

걱정해야 할 구토의 특징을 알아두자

반려인이라면 구토 횟수나 내용물 등도 기록해두면 좋다. 고양이는 원래 소동물과 사냥감을 사냥하면 일단 통째로 삼키고 소화할 수 없는 털 등은 토해내는 습성이 있었기에 고양이가 토했다고 해서 반드시 질병이 있다고는 할 수 없다. 그루밍을 하다 보니 자연스럽게 위장에 쌓이는 헤어볼을 토하는 건 고양이에게는 자연스러운 일이기도 하다. 그러니 구토 후에도 변함없이 기운이나 식욕 등이 있거나 식사 후 곧바로 구토하는 경우에는 문제가 되는 일이 적을 것이다.

반면 왠지 기운이나 식욕이 없고 온종일 여러 번 토하며 체중 감소 등이 이어진다면 질병의 사인일 수 있으니 주의해야 한다. 고양이가 단시간에 몇 번이고 토하는 예는 물론이고 기운이나 식욕 등이 평소와 다르지 않더라도 미묘하게 토하는 횟수가 늘었다면 반려인의 주의가 필요하다.

최근 연구에서는 한 달에 3번 이상 구토가 3개월 이상 이어지는 고양

이의 96%에서 장과 관련한 질병이 발견되었고, 심지어 그 절반이 소화기형 림프종 등의 '장암'이었다고 한다. 소화기형 림프종은 악성도가 낮다면 조기 발견과 조기 치료로 수명을 늘릴 수도 있다. 그러니 때를 놓치지 않기 위해서는 고양이의 구토를 별것 아니라고 생각하지 말고 건강 검진을 통해 복부 초음파 검사를 정기적으로 받게 해야 한다.

평소 편안할 때의 호흡 횟수를 기록해두자

고양이의 호흡 변화를 반려인이 재빨리 눈치채려면 평소에도 고양이의 호흡 횟수와 호흡하는 모습 등을 관찰해두면 좋다. 동물병원에서는 고양이가 긴장하여 호흡이 거칠어지면 제대로 진료하기 어려워지므로 고양이가 깊은 잠을 자고 있을 때나 좋아하는 장소나 숨숨집에서 편히 쉬고 있을 때 몰래 호흡 횟수를 재보자. '가슴이 올라갔다 내려가는 것'이 1회로 1분에 20회~40회가 정상 범위이지만 어디까지나 보편적인 기준일 뿐 고양이마다 차이가 있으니 반려인은 반려 고양이의 호흡 횟수를 정기적으로 세어 변화를 파악하는 일이 중요하다.

생각날 때마다 호흡 횟수를 세어 스마트폰 메모장 등에 기록해두면 좋다. 갑작스러운 호흡 횟수 증가

는 폐 등의 호흡기계 질병이나 비대형 심근병증 등의 심장 질환, 통증을 수반하는 질병 등 어떠한 질병의 원인일 가능성도 있다. 다만 고양이가 얕게 잠들었을 때는 호흡이 빨라지는 일도 있으니 여러 번 타이밍을 바꾸며 호흡 횟수를 재보는 편이 좋다.

털이 푸석푸석할 때는 피부 질환 이외의 원인도 고려하자

털의 상태나 윤기는 반려인이 눈으로 건강 여부를 판단할 수 있는 척도의 하나이다. 피부 질환 때문에 털의 상태나 윤기 등이 나빠진다고 생각하기 쉽지만 원인이 다른 곳에 있을 수도 있다.

예를 들어, 구내염이나 치주염 등 입안에 병이 있을 때도 통증 때문에 그루밍 횟수가 줄어 털이 푸석푸석해질 수 있다. 또한 내장기능의 저하나 호르몬 관련 질병 등이 있어도 비슷한 증상을 보일 수 있다. 그러니 고양이의 털이 어느 순간부터 갈라지거나 촉감이 뻣뻣해졌다면 주의해야 한다.

반려인이 할 수 있는 고양이 질병 예방을 실천하자

내 고양이가 질병에 걸릴 위험을 조금이라도 낮추기 위해 반려인이 평소에도 할 수 있는 일이 있다. 비만이나 치주병, 탈수 등은 다양한 질병의 위험 요인이 되니 확실하게 예방하도록 하자.

'비만은 만병의 근원'임을 명심하자

최신 연구에서는 현대의 고양이 중 60% 정도가 비만이라고 알려져 있다. 비만은 다양한 질병의 위험 요소가 되는데 그중에는 '고양이 지방간(93쪽 참조)'처럼 고양이의 목숨을 위협하는 질병도 있다. 비만 예방은 장수 고양이가 되기 위한 핵심 중 하나라 해도 좋다.

그렇다면 현대의 고양이가 이렇게까지 살이 쪄버린 원인은 무엇일까? 가장 큰 원인은 반려인의 의식에 있다. 한 연구에 따르면 "살찐 고양이는 행복하게 보인다" "고양이의 일상이 충실하다는 증거!" 등 반려 고양이의 비만에 관해 긍정적으로 대답한 반려인의 고양이는 긍정적으로 대답하지 않은 반려인의 고양이와 비교했을 때 최대 약 5배나 비만인 경우가 많았다고 한다.

고양이의 식사를 책임지는 일은 반려인에게는 당연하다면 당연한 이야기다. (우리 집 냥짱도 조금 토실토실한 체형이라 내 입으로 말하면서도 찔리지만…) 반려인의 이러한 안이한 인식이 반려

고양이가 살이 찌는 원인인 셈이다.

최근 인간 분야에서 비만 연구가 진행되어 비만이 왜 다양한 질병을 일으키는지 그 메커니즘의 일부가 밝혀졌다. 비만은 전신의 지방에서 염증이 일어나고 있는 상태로, 이것이 간이나 근육 등에 파급되어 당뇨병 등 생활 습관병의 위험이 되는 것이다.

단, 이 염증은 강한 염증이 아니라 약한 염증이고 통증도 없어 본인은 알아채지 못한다. 그러나 이것이 오랫동안 이어지면 다양한 장기나 혈관에 상처가 축적된다. 고양이 비만 연구는 이 수준까지 발전하지는 않았지만 아마 인간과 비슷한 현상이 일어나리라고 생각한다. 통통함은 '귀여움'이 아니라 어떤 의미에서는 '질병'이라고 재인식하는 게 중요할지도 모른다.

또한 고양이 자신의 원인으로는 중성화 수술 후 호르몬 균형이 바뀌어 비만이 되기 쉽다고 알려져 있다. 특히 수컷 고양이가 더 살찌기 쉽다고 하니 중성화 수술을 한 수컷 고양이는 특히 살이 찌지 않도록 반려인이 더욱더 주의해야 한다.

이미 살이 찐 고양이에게는 다이어트가 필요한데, 인간과 달리 고양이의 다이어트에는 위험이 따른다. 왜냐하면 무리한 다이어트는 앞서 말한 고양이의 목숨

을 위협하는 질병인 '지방간'을 발병시킬 위험이 있기 때문이다. 지방간은 비만 고양이에게 공복 상태가 계속되면 체내의 지방이 분해되어 간에 급격히 지방이 쌓이면서 발병하는 질병이다. 생명에 위협이 될 수도 있으니 반드시 담당 수의사와 상담하여 고양이에게 무리 없는 다이어트 계획을 세우도록 하자.

고양이는 원시 주머니처럼 피부가 처질 수도 있어 외양만 보아서는 고양이가 비만인지 아닌지 판단하기가 어려우니 주의가 필요하다. 반려 고양이가 뚱뚱한지 아닌지는 늑골의 요철이 손으로 만져지는지 여부와 위에서 볼 때 허리 쪽에 들어간 부분이 있는지로 판단하자. 늑골의 요철은 인간 손등을 만졌을 때의 감촉을 참고하면 좋다. 판단이 잘되지 않을 때는 담당 수의사에게 고양이의 체형을 평가받도록 하자.

입은 재앙의 시작!? 자주 양치질해 잇몸병을 예방하자

최근 잇몸병이 입안만의 문제가 아니라 전신에서 다양한 질병의 발병에 깊이 관여하고 있다는 사실이 밝혀졌다. 인간의 경우 뇌경색이나 심근경색, 당뇨병, 조산, 관절염이나 신장염 등의 발병에 잇몸병이 관련되어 있다고 한다. 이는 잇몸 병균이 빨갛게 부은 잇몸에서 혈관으로 침투해 독소를 퍼뜨리며 온몸을 돌기 때문이다. 이 독소는 면역 세포와 만나면 강한 염증 반응을 일으킨다. 이처럼 잇몸병은 이제 전신에 악영향을 미치는 매우 무서운 병으로 인식되고 있다.

그리고 이는 인간만의 이야기가 아니다. 잇몸병이 전신에서 염증을 일으키는 일은 고양이도 마찬가지라고 여겨지고 있다. 인간처럼 충분한 역학 조사가 이루어지지는 않았지만 최근 연구에 따르면 중증의 잇몸병을 앓는 고양이는 만성 신장병 위험이 그렇지 않은 고양이보다 약 35배까지 높다는 사실이 밝혀졌다. 다른 질병과의 관련성은 아직 밝혀지지 않았지만 아마 인간과 마찬가지로 다양한 질병의 발병 및 악화에 관여하고 있을 것이다.

이러한 상황을 생각하면 고양이의 무병장수를 위해 반려인이 매일 양치질을 해주는 행동이 얼마나 중요한지는 두말할 필요가 없을 만큼 분명하다. 하지만 지금껏 양치를 한 번도 해본 적이 없는 고양이에게 오늘부터 당장 양치질을 하려는 것은 꽤 어려운 일이다. 그러니 서두르지 말고 고양이가 천천히 양치질에 익숙해지게 만들어보자.

인간용   고양이용

고양이 전용 양치 시트를
손가락에 감아 살살 문지른다

우선 '차오CIAO 츄르' 같은 습식 타입의 간식을 반려인의 손가락에 발라 고양이가 핥아먹게 해보자. 반려인이 고양이의 입 주변이나 이빨을 만지는 데 거부감을 줄이는 훈련이다. 익숙해지면 고양이용 양치질 시트를 손가락에 감아 부드럽게 이빨을 문지르듯 이물질을 닦아 보자.

여기에도 익숙해지면 드디어 칫솔질할 차례이다. 냥토스네에서는 냥짱에게 인간용이 아닌 헤드가 작은 고양이용 칫솔을 사용하고 있는데 예상보다 사용하기 편하므로 추천한다. 양치질 중에 고양이가 싫어하는 티를 내면 바로 그만두자. 억지로 이어 하면 '양치질=싫은 것'이라고 인식할지도 모른다. 어디까지나 '서두르지 않고 천천히' 한다는 마음가짐이 중요하다.

도저히 양치질하기 어려울 때는 식후에 양치질용 간식을 주도록 하자. 간식을 가능한 한 오랜 시간 동안 반려인이 손으로 들

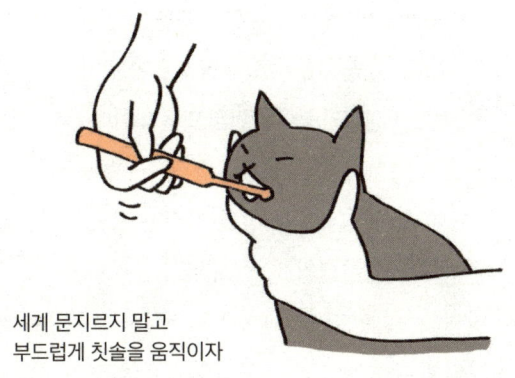

세게 문지르지 말고
부드럽게 칫솔을 움직이자

고 있어 고양이가 씹는 횟수를 늘리는 데에 주의하자. 만약 이미 치석이 생겼거나 잇몸이 붉게 부어 있다면 무리하게 양치질을 시도하지 말고 우선은 담당 수의사와 상담하자.

음수량을 늘려 비뇨기질환을 예방하자

고양이는 음수량이 줄어들면 소변 농도가 진해지고 양이 적어지기 때문에 결석이 생기기 쉬워지거나 방광염이 악화할 우려가 있다. 이러한 소변 관련 질병의 위험을 낮추기 위해서는 충분한 양의 수분을 섭취하게 하여 소변을 연하게 만들 필요가 있다. 구체적으로는 다음 6가지 방법이 효과적이다.

- 습식사료로 식단을 바꾼다.
- 늘 신선한 물을 준비해준다.
- 고양이가 물을 마시고 싶어 할 만한 그릇을 찾아 준비한다.
- 집안에서 물을 마실 수 있는 곳을 늘린다.
- 흐르는 물을 마실 수 있는 장소를 만든다.
- 물에 고양이가 좋아할 만한 맛을 더한다.

현대 고양이의 조상 격인 리비아 들고양이는 사냥한 먹이로부터 수분을 섭취했기에 '식사의 수분량을 늘리는 것'이 가장 쉬운 방법이다. 한 연구에 따르면 습식사료 위주로 먹이면 요비중이 낮아져(소변이 묽어져) 고양이의 소변량이 증가한다는 사실이

밝혀졌다. 또한 고양이가 거부감 없이 먹는다면 건사료에 물을 부어 불려 먹이는 방법도 좋다.

항상 신선한 물을 준비해주는 일도 중요하다. 우리 인간도 계속 방치된 컵 속의 물을 마시는 것이 싫듯 고양이 역시 적어도 아침저녁으로 하루 최소 2번은 물그릇의 물을 교환해주는 게 좋다. 대부분 고양이가 차가운 물을 싫어하니 물을 교환할 때는 상온의 물 또는 미지근한 물을 부어주자. 특히 겨울철에는 좀 더 주의가 필요하다.

물그릇 개수를 늘리는 것도 포인트이다. 대부분 반려인이 사료 옆에 물을 두는 경우가 많은 듯하다. 하지만 고양이는 본래 식사와 물을 따로 섭취하는 동물이었다. 왜냐하면 사냥에 성공했을 때 반드시 가까운 곳에 마실 물이 있는 게 아니었기 때문이다. 그중에는 물에 음식 냄새가 배는 걸 싫어하는 고양이도 있다.

그러니 사료 옆 외에도 몇 곳 더 추가로 물 마실 곳을 늘려주자. 침실 등 사람들의 출입이 적은 조용한 장소나 고양이가 편하게 쉴 수 있는 장소를 추천한다. 반대로 시끄럽고 번화한 장소나 고양이 화장실 근처는 피하는 게 좋다.

수도꼭지 등에서 흐르는 물을 좋아하는 고양이라면 물이 흐르거나 샘솟는 자동 급수기를 마련하는 것도 좋다. 물론 실제로 물이 흐르거나 샘솟는 자동 급수기가 고양이의 음수량을 정말 늘리는지를 연구한 결과를 보면 이는 고양이의 취향에 의한 영향이 매우 커 모든 고양이의 음수량을 늘리기는 어려웠다고 한다. 내 고양이가 물을 마시는지 여부는 직접 시도해 보아야만 알 수 있지만, 물을 마실 수 있는 변화의 폭을 늘린다는 의미로 시도해보아도 나쁘지는 않을 듯하다. 다만 청소를 게을리하면 곰팡이와 물때 등이 생겨 비위생적이니 주의해야 한다.

또한 '제1장 식사'에서도 이야기했듯 식기 받침대나 다리가 달린 그릇을 사용해 고양이가 물 마시기 좋은 높이로 맞추어주거나(37쪽 참조) 츄르 등의 습식 간식을 물에 풀어 맛이 가미된 수프(44쪽 참조)로 만들어주는 것도 추천한다.

 반려묘의 목숨이 달린 SOS 사인을 놓치지 않는다

반려 고양이의 목숨이 달린 SOS 사인을 놓치면 손쓰기가 늦어진다. '반려인이 SOS 사인을 알아챌 수만 있었다면 목숨을 구할 수 있었을 텐데…'라는 사례는 무척 많다. 고양이의 SOS 사인은 많이 있지만 그중에서도 특히 반려인이 기억했으면 하는 사항을 설명하겠다.

소변으로 알 수 있는 SOS

첫 번째, '소변과 관련한 SOS 사인'이다. 특히 소변이 통과하는 길인 요도와 요관이 결석 등으로 막히는 '요로결석'이나 '요관결석'은 고양이 생명에 직접 위협이 된다. 고양이가 다음과 같은 증상을 보인다면 반려인은 주의해야 한다.

- 화장실에 들어갔다 나갔다를 반복한다.
- 소변을 누려는 포즈를 취하지만 좀처럼 소변을 누지 못한다.
- 혈뇨를 눈다.
- 소변을 볼 때 아파하거나 운다.

이렇게 '소변을 누지 못한다'라는 SOS 사인을 했음에도 반려인이 알아채지 못하고 그대로 방치하면 소변을 만드는 신장이 빵빵하게 부풀어 올라 신장이 제대로 기능하지 않게 되는 급성신부전이나, 소변으로 배출되어야 할 '독'이 체내에 쌓이는 요독증과 같은 위험한 상황에 빠질 수 있다. 여기까지 증상이 진행되면 고양이가 사망하는 일도 드물지 않다.

고양이가 계속 토하거나 축 늘어져 있을 때는 급성 신부전이나 요독증으로 건강이 악화 중일 수 있으니 '소변을 누지 못한다'라는 고양이의 SOS 사인을 눈치챘다면 바로 동물병원에 데려가 수의사의 진찰을 받게 하자.

또한 반려인은 귀가하면 가장 먼저 고양이 화장실부터 확인

소변이 생기는 원리와 주의점

① 신장
→ 소변을 만드는 곳. 신장결석은 증상이 나타나지 않는 경우가 많다.

② 요관
→ 신장과 방광을 잇는 가느다란 관. 요관결석은 알기 쉬운 증상이 잘 나타나지 않으니 평소와 조금만 달라도 주의한다.

③ 방광
→ 소변을 일시적으로 보관하는 장소. 방광결석은 혈뇨나 빈뇨의 원인이 되기도 하지만 무증상도 많다.

④ 요도
→ 방광에 모인 소변이 밖으로 배출되는 통로. 수컷 고양이는 요도가 가늘어 막히기 쉽다. 수컷 고양이에게 많이 나타나는 요도결석은 심해지면 목숨을 위협하기도 한다.

해 반려인이 집을 비웠을 때 고양이가 소변을 잘 쌌는지, 고양이의 모습과 행동에 변화는 없는지 등을 반드시 확인하는 습관을 들이도록 해야 한다. 특히 수컷 고양이는 요도가 매우 가늘어 압도적으로 요로결석에 걸리기 쉬우니 좀 더 주의해야 한다.

비교적 증상이 알기 쉬운 요로결석은 반려인도 눈치채기 쉽지만 고양이와 반려인을 애먹이는 질병은 '요관결석'이다. 앞에서 말했듯 요도결석보다 증상이 잘 나타나지 않아 반려인이 고양이의 변화를 눈치채기 어렵다. 요관결석에 걸린 고양이 27마리를 조사한 아자부 대학Azabu University 연구팀의 연구 결과에 따르면 '소변 누기를 힘들어하는 고양이의 SOS 사인'을 동반하지 않는 비특이적인 증상(그다지 기운이나 식욕이 없다, 이따금 토한다 등)을 보이는 고양이가 전체의 37%나 되었다고 한다.

인간의 요관결석은 몸부림치며 뒹굴 정도의 강한 통증이 나타나지만 고양이는 그렇게까지 통증이 크지 않거나 '뭔가 좀 이상한데…'라고 막연히 좋지 않은 상태에 머물 때가 많다. 후회하면 늦으니 고양이의 행동에 변화 등을 느낀다면 곧장 동물병원에 가기를 바란다.

호흡으로 알 수 있는 SOS

고양이의 SOS 사인은 호흡 변화로도 나타난다. 호흡이 갑자기 거칠어졌다면 심장병의 악화나 폐와 가슴에 물이 차 있는 위험한 상태일 수도 있다. 특히 편안하게 쉬고 있는 듯한데도 고양이가 다음과 같은 모습을 보인다면 지금 매우 위험한 상태이니 망설이거나 고민하지 말고 곧장 동물병원으로 데리고 가 수의사에게 진찰받도록 하자.

- 입을 벌리고 호흡(개구호흡)한다.
- 앉거나 엎드린 자세 그대로 고개를 뻗고 머리를 든 채 호흡한다.
- (코 전체를 크게 부풀려) 코를 벌름벌름하며 호흡한다.

- 가슴과 배가 크게 파도치듯 따로따로 움직인다.
- 몸 전체로 호흡하거나 머리를 상하로 움직이면서 호흡한다.
- (구토와 헷갈리기 쉬우니 주의) 기침을 한다.
- 혀나 잇몸 색이 분홍색이 아니라 보라색으로(청색증) 변했다.

특히 코를 벌름거리는 '비익호흡'이나 몸 전체를 사용하여 호흡하는 '노력성 호흡'은 반려인이 놓치기 쉬운 위험한 증상이다. 유튜브와 같은 동영상 사이트 등에서도 수많은 반려인이 '고양이의 이런 호흡에 주의!'라며 고양이의 변화를 촬영한 동영상을 올리고 있으니 틈이 날 때마다 '고양이 호흡'이나 '고양이 기침'으로 꼭 검색해보자. 그중에는 안타깝게도 며칠 후에 무지개 다리를 건넌 고양이도 있다.

서지 못하거나 소리를 지를 때도 곧바로 병원으로 달려간다

고양이 질병 중 가장 무섭다고 해도 과언이 아닌 병이 바로

'대동맥혈색전증'이다. 비대형심근병증 등의 심장 질환이 원인이 되어 생긴 혈전이 허벅지 혈관에 쌓여 혈관을 막는 질병으로, 아주 높은 확률로 고양이를 죽음에 이르게 한다.

고양이가 허리를 갑자기 세우지 못하게 되고 극심한 통증으로 몸부림치며 울부짖는 것이 이 병의 특징이다. 심장병의 급격한 악화로 폐에 물이 차는 일도 많아 앞서 설명했듯 호흡이 힘들어지는 증상도 보인다. 또한 혈관이 막혀 뒷다리 끝이 차가워져 있을 수도 있다.

고양이가 이러한 증상이 보인다면 서둘러 동물병원으로 데려가 수의사에게 진료받아야 한다. 반려인이 아침까지 상태를 지켜보겠다고 했다가 죽어버린 고양이도 있었다.

이 병은 발병하고 나면 손쓸 수 없을 가능성이 매우 크기에 정기적으로 건강 검진을 하여 심장병의 조기 발견 및 정기 관찰, 진행에 맞춘 관리가 무척 중요하다. 74쪽 '고양이 건강 검진'에서도 말했듯 심장 초음파 검사를 미리 받아보자. 특히 일본에서 많은 사람이 반려하는 아메리칸 쇼트헤어나 스코티시 폴드와 같은 종은 비대형 심근병증에 걸리기 쉬우니 특히 주의가 필요하다.

이러한 증상 외에도 고양이가 단시간에 몇 번이나 토할 때도 매우 위험한 사인이다. 이물질로 장이 막혔을 때 혹은 앞서 말한 대로 소변과 관련한 질병이나 중독 등 고양이의 목숨이 위협받고 있는 상태인지도 모른다.

또한 경련 발작 외에 기운이나 식욕이 없다, 축 처져 있다, 침이 대량으로 나오는 경우 등도 일각을 다투는 때일 수도 있으니 주저 없이 동물병원에 데려가 수의사의 진찰을 받도록 하자.

지금까지 '조금 더 지켜보자'라는 반려인의 잘못된 판단으로 돌이킬 수 없는 상황을 맞이한 예를 수없이 보아왔다. 내 고양이의 목숨을 지킬 수 있느냐 없느냐는 반려인의 판단에 달려 있다. 그러니 꼭 이러한 고양이의 SOS 사인을 머리 한쪽에 넣어두기를 바란다.

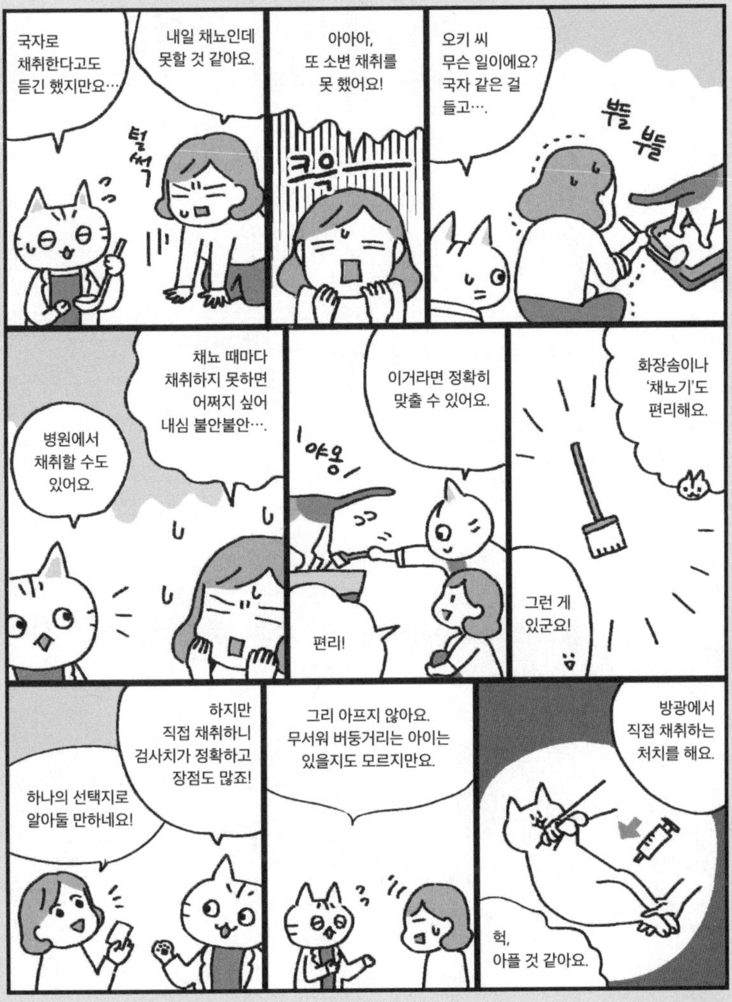

집에서는 어떻게 채뇨해야 할까?

오키에이코(이하 오) 동물병원에 고양이 소변을 가져갈 때 어떻게 채취하는 게 가장 좋을까요? 채반 형식의 시스템 화장실이라면 아래 트레이에 고인 소변을 채취하면 되지만, 벤토나 두부모래를 쓴다면 어려울 듯해요.

냥토스(이하 냥) 확실히 국자로 뜨는 방법 등도 소개되었지만, 고양이의 소변 타이밍에 맞춰 엉덩이 아래에 국자를 갖다 대는 일은 좀 어렵잖아요.

오) 맞아요. 그게 고양이에게 스트레스가 돼 소변 보는 걸 참을까 봐 걱정도 되고요….

냥) 작은 크기의 화장솜을 올려놓고 스며들게 하는 게 더 좋을지도 모르겠네요.

오) 섬유가 섞여 있어 검사에 영향을 주거나 하지는 않나요?

냥) 조금이라면 괜찮아요. 그리고 막대기 끝에 작은 흡수체가 달린 '채뇨기'는 무척 편리하니까 추천해요. 소변 나오는 곳에 딱 맞추어 댈 수 있고 그대로 부속 봉투에 넣어 가져가기만 하면 되니까 간편하죠. 요즘은 인터넷 쇼핑으로도 살 수 있어요!

오) 정말 편리하겠네요! 참고로 소변 검사에 사용하는 소변은 어느 정도 양이 있으면 좋은가요?

냥) 도시락에 붙어 있는 작은 간장병 정도면 충분해요.

 오) 그렇게 많지 않아도 괜찮군요. 소변을 무사히 채취했다면 동물병원에 가져갈 때까지 어떻게 보관해야 할까요?

 냥) 냉장고에 넣어두면 됩니다.

 오) 가능한 한 신선한 소변이 좋은 거죠?

 냥) 그렇죠. 적어도 검사 5~6시간 전 정도까지의 소변이 가장 좋아요.

병원에서 채취할 수도 있다

 오) 만약 검사일까지 집에서 소변을 채취하지 못한다고 생각하면 긴장이 돼요(웃음).

 냥) 그럴 땐 동물병원에서 할 수 있으니 괜찮아요. 배를 통해 방광에 직접 가느다란 바늘을 찔러 주사기로 채취할 수 있어요.

 오) 고양이가 아프지 않을까요?

 냥) 그렇게 아프지 않고 바늘을 찌르는 곳도 금방 막혀요. 다만 채뇨하는 동안 고양이를 꼭 붙잡고 있어야 하는데 엄청나게 버둥대는 고양이라면 어려울 수도 있지만요.

오) 그렇군요. 하지만 동물병원에서 안전하게 채취할 수 있다면 안심이네요.

냥) 방광에서 직접 채뇨하는 가장 큰 장점은 신선하고 외부 세균이 섞이지 않은 소변을 채취할 수 있어 더욱 정확한 검사 결과가 나온다는 점이지요.

오) 건강 상태를 알 때 중요하겠네요.

냥) 그렇지요. 반려인이 동물병원에 소변만 가지고 올 때는 집에서 채취해도 좋지만, 만약 고양이도 함께 온다면 동물병원에서 채뇨하는 방법도 선택지로 고려하면 좋겠지요.

오) 채취한 소변은 어떤 방법으로 검사하나요?

냥) 우선 소변의 색이나 냄새 등을 눈으로 확인한 후 검사지에 묻혀 소변의 농도에 해당하는 요비중과 pH, 잠혈 등을 확인해요. 그 후 원심분리기에 넣고 돌려 소변 상태를 더욱더 자세히 확인하지요.

오) 여러 단계로 나눠서 검사하시는군요.

냥) 특히 신장병 등 소변으로 알 수 있는 질병도 있으니 1년에 최소 1회, 가능하면 2회 이상 소변 검사를 하면 좋을 듯해요. 소변은 고양이의 건강 상태를 알 수 있는 중요한 척도니까요.

제 3 장

실내 환경

'고양이는 인간이 아니다'라는 인식, 가족이기에 더욱 중요하다

　고양이는 소중한 가족의 일원이다. 반려묘를 아이처럼 예뻐하며 무엇이든 해주고 싶다고 많은 반려인이 느끼고 있을 것이다. 그렇기에 더욱 재인식해주었으면 하는 점은 '고양이는 사람이 아니다'라는 것이다.

　인간의 생활을 편리하게 하려고 인간에 의해 번식을 거듭한 개와 달리 고양이는 농장이나 곡물 저장고로 모여드는 쥐를 잡으려다 자연히 인간과 함께 생활하게 되었다. 그래서 현대의 집고양이와 그들의 조상인 들고양이는 유전자 수준에서는 큰 차이가 없다. 들고양이와 기본적으로 같은 감각과 습성을 남긴 채 인간과 함께 생활하고 있다고 여겨지고 있다. 언뜻 보면 고양이가 우리 반려인의 삶에 유연하게 대응해주고 있는 듯 느껴지지만, 인간에게 맞춘 생활보다 고양이 본래의 삶에 가까운 편이 더욱 자연체에 가까워 스트레스 없는 매일을 보낼 수 있을 것이다.

　동물행동학자인 존 브래드쇼(John Bradshaw) 박사의 말을 빌린다면 고양이는 고양이로 존재하는 것에 능숙하다. 본능이 충족되지 않은 환경에서는 고양이가 큰 스트레스를 느끼는데 이에 따라 화장실 바

깥에서 용변을 보거나 공격 행동이나 자해 행동 등의 이상행동을 할 수도 있다. 실내에서만 키우면 고양이를 감염증이나 상처에서 보호할 수는 있지만, 들고양이로서 본능과 습성을 깊이 이해하고 나아가 고양이가 고양이답게 생활할 수 있는 환경 마련을 위해 노력하는 것도 반려인의 중요한 역할이다.

이처럼 고양이에게 있어 이상적인 환경을 마련하는 것을 전문적인 언어로 '환경 강화'라고 하며 미국 수의사협회American Association of Feline Practitioners, AAFP와 국제 고양이 의학협회International Society of Feline Medicine, ISFM가 정한 지침에는 고양이의 식사와 주거 환경, 인간이나 다른 고양이와의 커뮤니케이션 방법 등에 관한 내용이 마련되어 있다.

'제3장 실내 환경'에서는 환경 강화의 사고방식에 근거하여 고양이가 더욱더 즐겁고 행복하게 살아갈 수 있도록 환경 정비에 관해 이야기하고자 한다.

'방안을 내려다볼 수 있는 높은 장소'는 심신의 건강과 직결된다

고양이의 본능을 충족하는 방을 만들 때 '방안을 내려다볼 수 있는 높은 장소'는 매우 중요하다. 왜냐하면 고양이는 영역을 만드는 동물이라 실내에만 있는 고양이에게는 방 전체가 자신의 영역이기 때문이다. 따라서 자신의 영역 안에 이상이 없는지를 항상 확인하고 싶다고 느끼는 것이 고양이의 심리이다.

우리 집 냥짱도 벽에 붙은 높은 책장 위에서 거만한 표정으로 내려다보는 것을 즐긴다. 조그만 벌레도 못 잡고 작은 소리에도 깜짝 놀라면서 이상을 추구한들 어쩌겠나 싶은 마음이 들지 않는 것은 아니지만, 이 '전망대'가 고양이에게 무척 중요하다는 점이 최근 연구에서 밝혀졌다.

고양이 비뇨기질환 중 가장 일반적인 질병은 '특발성 방광염'이다. '특발성特發性'은 '원인 불명의 병이 저절로 생기는'이라는 의미인데, 주된 원인은 '스트레스이지 않을까' 하는 의견이 많다. 이 특발성 방광염이 발병한 고양이 58마리가 살던 각각의 집안 환경을 조사한 연구에서는 '높은 장소가 없는 집'에서 사는 고양이와 '높은 장소가 있는 집'에서 사는 고양이를 비교했을 때 전자가 특발성 방광염이라고 진단받을 확률이 4.6배나 높았다고 한다. 즉 방을 내려다볼 수 있는 높은 장소가 없다면 고양이가 스트레스를 느끼고 때에 따라서는 병이 날 가능성도 있는 셈이다.

또 고양이에게 전망대는 '안심할 수 있는 장소'이기도 하다. 약 6,000만 년 전으로 거슬러 올라가 생각해보면 숲에서 살던 고양이의 조상은 나무에 오름으로써 천적으로부터 자신을 지키거나 나뭇잎이나 가지로 자신의 몸을 숨기는 일도 가능했을 것이다. 따라서 현대의 고양이에게도 높은 장소는 본능적으로 안심할 수 있고 편히 쉴 수 있는 장소일 수도 있다. 생각해보면 우리 집 냥짱도 하루 중 책장 위에서 자는 일이 많다.

집에 높은 장소가 없다면 캣타워나 캣스텝을 준비해 높이가 있는 공간을 확보해주자. 공간 부족 등의 이유로 설치하기 어렵다면 책장이나 소파, 서랍장 등 높이가 다른 가구들을 적절히 배치해도 좋다. 가구는 폭이 30cm 이상이라면 고양이가 떨어질 염려도 적고 고양이 역시 마음 놓고 올라가 지낼 수 있을 것이다.

이러한 가구나 캣타워는 창가에 놓아두면 가장 좋다. 창가는 일광욕하거나 나무의 흔들림이나 새를 관찰하는 등 고양이의 감각에 다양한 자극을 주는 중요한 장소다. 여기에 고양이가 좋아하는 담요나 고양이용 쿠션 등을 두어보자. 자신의 냄새가 묻은 물건은 동물병원에 입원할 때 등에 지참하면 고양이도 조금 더 안심할 수 있으니 추천한다.

 '숨숨집'이 있는 것만으로도 고양이가 더욱더 안심한다

방을 내려다볼 높은 장소만큼 고양이에게 중요한 공간이 바로 '숨숨집'이다. 최근 연구 결과에 따르면 숨숨집이 있으면 고양이의 스트레스가 낮아진다는 사실이 밝혀졌다. 또한 동물병원에 입원한 고양이에게 종이상자로 숨숨집을 만들어 주니 숨숨집 안에서 지내며 심박 수와 호흡이 안정되어 스트레스가 유의미하게 감소하였다고 한다. 즉 동물병원이라는 환경 변화에도 종이상자 속에서 편안히 쉰다면 스트레스를 줄일 수 있는 것이다.

동물병원뿐 아니라 동물보호 시설에서도 숨숨집 효과가 과학적으로 증명되었다. 한 연구에서는 상자가 있는 고양이가 상자가 없는 고양이보다 보호시설 환경에 더 빨리 적응했다는 사실이 밝혀졌다. 이러한 연구 결과들은 숨숨집이 고양이에게 있으면 스트레스나 환경 변화에 적응하는 데 매우 유용함을 보여준다.

과거 고양이의 조상은 주로 나무구멍이나 바위 동굴에서 쉬었으리라고 추정된다. 외부의 적에게 공격받을 일 없는 공간은 높은 곳과 마찬가지로 고양이에게 안전하고 안심할 수 있는 장소였던 셈이다. 현대의 고양이가 종이상자를 아주 좋아하는 이유도 그러한 습성이 지금까지 이어졌기 때문이 아닐까?

방안에 숨숨집을 두면 지진이나 천둥, 태풍 등 갑작스러운 큰 소리에 고양이가 놀랐을 때 몸을 숨기고 안심할 수 있는 장소가 되기도 한다. 또한 고양이에게 있어 익숙하지 않은 손님의 방문이나 이사로 인한 환경

냥짱도 좋아하는
골판지 재질의 고양이 집

변화에서도 숨숨집은 효과를 발휘할 것이다.

참고로 냥토스가 추천하고 싶은 숨숨집은 이글루 형태의 숨숨집이다. 우리 냥짱은 골판지 재질의 숨숨집을 좋아하는데 보이지 않는다 싶으면 곧잘 그곳에 들어가 쉬고 있는 모습을 볼 수 있다. 위에 올라타 스크래처로도 잘 쓴다. 물론 소파나 침대 아래 등의 가구를 숨숨집으로 사용하는 것도 좋다.

 스크래칭 욕구는 충분히 채워주자

수의사의 세계에서는 "고양이는 작은 개가 아니다!"라는 유명한 말이 있는데, 그 근거 중 하나인 '스크래칭(발톱 갈기)'은 개에게는 없는 고양이 특유의 행동이다.

고양이가 발톱을 가는 가장 큰 이유는 원래는 사냥이나 싸움을 위한 무기로 날카롭게 갈아두기 위해서였다. 고양이 집사라면 이미 알겠지만, 고양이 발톱은 우리 인간의 발톱과는 구조가 전혀 다르다. 양파처럼 여러 층이 겹쳐진 구조인데, 스크래칭을 함으로써 바깥쪽의 오래된 발톱 층이 벗겨지고 안쪽부터 새로운 발톱 층이 나와 항상 날카로운 발톱을 유지할 수 있는 것이다.

현대의 고양이에게는 과거보다 사냥이나 싸움을 할 필요가 많이 없어졌지만 '항상 발톱을 깨끗하게 유지하고 싶다'라는 욕구만은 변하지 않고 남아 있는 것이다.

또한 스크래칭에는 다른 고양이와 커뮤니케이션하는 기능도 있다. 고양이는 영역을 소중히 하는 동물이므로 스크래칭은 "여기는 나의 영역이다!"와 같은 마킹 역할을 하는 것으로 여겨지고 있다. 고양이 발바닥에는 취선이 있는데 그 취선에서 분비되는 냄새를 문지름으로써 다른 고양이에게 메시지를 남겼다고 한다. 물론 스크래칭으로 생겨난 자국이 시각적인 표식도 되었을 것이다. 현대의 고양이에게는 방 전체가 자신의 영역이므로 방 곳곳에 '내 냄새를 묻히고 싶어'라고 느끼고 있을지도 모른다.

스크래칭은 고양이의 심리를 드러내는 일이기도 하다. 예를 들어, 우리 집 냥짱은 장난치다가 들키면 '앗, 위험해!' 하는 느낌으로 휙 달려가 급히 스크래칭을 시작한다. 이는 '전위 행동'의 일종으로, 동물이 싸울 것인지 도망갈 것인지 선택해야 하는 갈등 상황에 놓일 때 아무런 맥락 없이 완전히 다른 행동을 함을 뜻한다. 인간도 곤란한 상황이 닥치면 머리를 긁적이거나 궁지에 몰리면 폭식하는 것과 같은 의미를 지니는지도 모른다. 그 외에도 집사에게 '같이 놀자!'는 뜻으로 스크래칭할 때가 있다.

이처럼 고양이에게 있어 스크래칭은 본능이나 감정 표현과 관련한 아주 중요한 행동으로, 스크래칭을 할 수 없는 상황은 고양이에게 매우 스트레스가 된다. 실제로 발톱 제거 수술(비인도적인 수술이므로 절대 해서는 안 된다!)을 당한 고양이는 물어뜯는 행동이나 과도한 그루밍 등의 문제 행동이 증가한다는 사실이 밝혀졌다. 고양이가 매일매일 행복하게 살기 위해서는 고양이의 영역에 다양한 모양과 종류의 스크래처를 두고 마음껏 스크래칭을 하게 해주는 게 필수라고 할 수 있다.

새끼 고양이는 S자, 수컷 성묘는 기둥형을 좋아한다?

그렇다면 고양이에게 '이상적인' 스크래처는 어떤 것일까? '고양이는 어떤 스크래처를 좋아하는가?'라는 주제를 과학적으로 분석한 한 미국 연구팀의 연구 결과를 소개하겠다. 그들은 생후 2개월 미만의 아기 고양이 40마리를 대상으로 다양한 소재와 모양의 스크래처 10여 개를 주고 어떤 스크래처를 즐겨 사용하는지 관찰했다.

그들이 아기 고양이를 선택한 이유는 성묘보다 호기심이 왕성하고 아직 자라온 환경에 영향을 받지 않아 고양이 본연의 스크래칭 취향을 평가하기 쉽지 않을까 생각한 듯하다. 그 결과 많은 아기 고양이가 'S자로 구부러진 골판지 재질의 스크래처'를 가장 선호함을 알 수 있었다.

다음으로 그들은 이러한 결과가 성묘에도 해당하는지 검토했다. 이어진 실험에서는 새끼 고양이가 가장 좋아한 S자 모양의 골판지 재질 스크래처와 일자 모양의 기둥형 골판지 재질 스크래처를 비교했다. 의외로 가장 많은 성묘가 선택한 스크래처는 '기둥 형태의 골판지 재질 스크래처'였다.

심지어 이러한 경향을 보인 것은 수컷 고양이뿐이며 암컷 고양이에게는 관찰되지 않았다. 자연계에서 수컷 고양이는 암컷 고양이보다 더 넓은 영역을 두고 있어 다른 고양이의 영역과 겹치는 일이 많이 있었다고 한다. 그래서 조금이라도 더 높은 장소에 스크래치를 함으로써 자신의 몸집 크기 등이 다른 고양이보다 더 우위에 있다는 정보를 주위에 알릴 필요가 있었던 것이다.

그에 반해 생후 2개월 미만의 아기 고양이는 마킹으로서의 스크래칭 행위가 아직 발달하지 않았다는 점과 균형 감각이나 근력이 덜 발달하였기에 단순히 S자형 스크래처의 쾌적함에 흥미를 느낀 건 아닐까 연구팀은 고찰하고 있다. 더불어 골판지, 마(삼베), 천, 카펫 중 어떤 재질을 선호하는지 조사한 결과 성묘는 천이나 카펫보다 골판지와 마(삼베)를 선호하는 것으로 나타났다.

이상의 결과를 고려하면 반려인은 자신의 고양이가 아기 고양이라면 S자형의 골판지 재질을, 성묘(특히 수컷 고양이)라면 일자 모양의 기둥 형태에 골판지 혹은 마 재질의 스크래처를 준비하면 좋을 것이다. 다만, 성묘의 경우 지금까지 자라온 환경에 따라 이 연구 결과대로 반응을 보이지 않을 수도 있다.

또한 이번 연구에서 고령의 고양이에 관해서는 검토하지 않았지만, 많은 고양이가 나이 들면 관절염을 앓는 것을 생각하면 고령의 고양이는 관절 부담이 보다 적은 S자형의 스크래처를 선호할 가능성도 있다. 반려인이 고양이마다 선호도를 존중하여 좋아하는 타입의 스크래처를 준비해준다면 고양이는 더욱 쾌적하게 생활할 수 있을 것이다.

성묘는 기둥형, 새끼 고양이는 S형 스크래처를 선호하는 경향이 있다.

잘못된 스크래칭은 편리한 소품이나 보상으로 교정한다

고양이에게 스크래칭이 아무리 중요하다고는 해도, 소중한 가구나 벽을 긁는다면 반려인이 곤란하다. 하지만 고양이를 훈육하는 일은 무척이나 어렵다. 특히 혼내며 훈육하는 것은 절대 하면 안 된다. 고양이의 부적절한 스크래칭에 효과적인 다음 3가지 대책 포인트를 파악해두자.

- 가구나 벽에 스크래칭 대책을 마련한다.
- 우리 고양이가 좋아하는 모양과 재질의 스크래처를 찾는다.
- 적절한 장소에 스크래칭을 하면 '보상'을 준다.

우선 긁어서는 안 될 가구나 벽에 스크래칭 대책을 마련하자. 가장 효과적인 대책은 '양면테이프'이다. 고양이는 무척 깔끔쟁이라 양면테이프의 끈적끈적한 감촉을 아주 싫어하므로 자연스레 스크래칭 횟수가 줄어들 것이다. 아울러 마킹 흔적인 냄새는 미지근한 물로 닦아내면 좋다.

가구나 벽에 스크래칭 대책을 마련했다면 반드시 대신할 수 있고 고양이 마음에도 드는 스크래처를 준비해주자. 앞서 말한 S자 형태의 골판지 재질이나 기둥형의 골판지 재질, 혹은 마 재질의 스크래처가 좋을지도 모른다.

그다지 마음에 들어 하지 않

는다면 스크래칭 하기를 좋아하던 가구의 소재나 모양이 그 고양이에게 스크래치 하기 좋은 이상적인 스크래처라고 생각하면 자연스레 내 고양이에게 어떤 타입의 스크래처가 좋은지 상상하기 쉬울지도 모른다.

예를 들어, 천 소재로 만든 소파의 좌측에서 고양이가 스크래칭을 했다면 천 재질의 평면 스크래처를 마련해주면 된다. 다양한 소재나 형태의 스크래처 몇 가지를 시험해보고 그 고양이가 좋아하는 스크래처를 찾아주자.

앞서 미국 연구팀의 결과에 따르면 마따따비(개다래나무)를 사용하면 스크래처 사용 시간 및 횟수가 증가한다는 사실도 밝혀졌다. 마따따비는 스크래처를 샀을 때 함께 동봉된 경우가 많으니 시험 삼아 사용해보면 일정한 효과가 있을지도 모른다.

고양이가 올바른 장소에서 스크래칭을 했다면 가능한 한 빠르게 칭찬하며 보상을 주자. 다정하게 말을 걸면서 쓰다듬어주거나 간식을 주는 등 고양이가 좋아하는 상을 주자. 다른 연구팀이 시행한 설문조사 결과에 따르면 '고양이가 바람직한 장소에서 스크래칭을 합니까?'라는 질문에 "네"라고 대답한 반려인의 비율은 보상을 주지 않은 반려인에게서는 67.7%, 보상을 주는 반려인에게서는 80.4%였다고 한다. 고양이의 부적절한 스크래칭이 고민이라면 칭찬하고 간식을 주는 보상을 꼭 실천해보자.

화장실 환경이 나쁘면 요로질환의 위험도 커진다

고양이가 스트레스 없이 생활하기 위해서는 쾌적한 고양이 화장실을 마련하는 일도 필수이다. 고양이는 화장실에 불만이 있으면 다른 장소에 볼일을 보거나 마려워도 참게 된다. 그러면 '요로결석(요석증)'이나 '특발성 방광염' 같은 하부 요로 질환 위험이 올라가고, 무엇보다 고양이가 가엽다.

하지만 고양이가 화장실을 마음에 들어 하지 않는다는 걸 모르는 반려인이 많다는 게 부정할 수 없는 현실이다.

고양이가 다음과 같이 행동하지 않는가? 짐작 가는 바가 있다면 이는 현재 화장실에 불만이 있다는 사인인지도 모른다.

- 화장실 테두리에 발을 올려 발바닥에 모래가 닿지 않게 한다.
- 화장실 이외의 벽이나 바닥을 긁는다.
- 앞발로 허공을 긁는다.
- 배변 자세를 잘 잡지 못하거나 들어갔다 나갔다 하는 등의 행동만 반복할 뿐 좀처럼 볼일을 보지 못한다.
- 배설 후 모래를 덮지 않고 그대로 화장실에서 뛰쳐나온다.
- 볼일 보는 횟수가 적고(보통 하루 2~4번), 1회 배설 소요 시간이 40~50초 정도로 길다(보통은 20초).

그렇다면 고양이에게 정말로 쾌적한 화장실은 어떻게 골라야 할까?

폭 50cm 이상의 큰 화장실을 고른다

우선, 첫 번째 조건은 '되도록 커다란 화장실'이다. 여러 연구에 따르면 고양이는 적어도 폭 50cm 이상의 넓고 큰 화장실을 선호한다고 한다. 그러나 이 조건을 맞추어주는 집사는 의외로 적지 않을까? 왜냐하면 시중에 판매되는 고양이 화장실은 크기가 작은 게 더 많기 때문이다. 그래도 잘 찾아보면 큰 사이즈 화장실도 몇 가지 있으니 꼭 찾아보길 바란다.

폭이 60cm이고 1,000엔(약 1만 4백 원)대에 살 수 있는 '리첼 코로루네코토이레 F60(냥토스네 냥짱은 이것을 사용)'이나 더욱 큰 '메가 토이레' 등이 냥토스가 추천하는 화장실이다. 또 꼭 고양이 용품만 고집하지 말고 큼직한 의류 상자 등을 사용하는 것도 추천한다(현재 한국에서도 폭 60cm 이상의 고양이 화장실을 시중에서 어렵지 않게 구할 수 있으니 잘 찾아보길 바란다).

참고로 화장실에 뚜껑이 있고 없고는 큰 차이가 없지만 '뚜껑이 있는 편이 좀 더 고양이가 좋아하지는 않을까?' 하는 연구 결과도 있다. 왜냐하면 고양이가 화장실을 사용할 때는 무방비한 상태라 숨어서 볼일을 보는 편이 더욱 안심할 수 있는지도 모르기 때문이다. 다만 이는 고양이에 따라 취향이 다르니 시험해본 후 뚜껑의 사용 여부를 결정하도록 하자. 뚜껑이 있는 화장실은

'화장실에 불만 있음'의 사인인지도?

화장실 테두리에 발을 올려 발바닥에 모래를 묻히지 않으려 한다.

화장실 이외의 벽이나 바닥, 공중 등을 앞발로 긁는다.

배변 후 모래를 덮지 않고 그대로 화장실에서 뛰쳐나온다.

안이 잘 보이지 않으니 반려인은 청소하는 것을 잊지 말자.

고양이가 가장 선호하는 모래는 벤토나이트(광물계)이다

고양이 화장실에서 또 하나의 중요한 포인트는 '고양이 모래'이다. 그동안 고양이가 어떤 모래를 선호하는지에 관한 연구도 여러 번 시행되었고, 그 결과 다음과 같은 특징의 모래를 가장 선호한다는 사실을 알게 되었다.

- 입자가 작고 자연의 모래에 가깝다.
- 잘 굳는다.
- 무게감이 있어 긁을 맛이 난다.

이 조건을 충족하는 것이 바로 '벤토나이트(광물계)' 모래이다. 벤토나이트 모래는 고양이가 무척 쾌적하게 느끼는 듯해서 "다른 형태의 모래에서 벤토나이트 모래로 바꾸었더니 고양이의 배변 실수가 없어졌다"라는 반려인의 의견도 듣는다. 이때 모래는 화장실 바닥이 금세 보이지 않도록 적어도 5cm 정도의 깊이(검지로 두 번째 마디까지)를 기준으로 담으면 좋다.

물론 반려인 중에는 벤토나이트 모래를 사용하는 걸 주저하는 사람도 있다. 그 이유에 관해 조금 더 설명하겠다.

우선 벤토나이트 모래 사용을 꺼리는 가장 큰 이유 중 하나로 '벤토나이트가 고양이의 건강에 위험하지는 않을까?' 하는 걱정 때문이라고 생각한다. 벤토나이트는 광물계 모래의 주성분으로 고양이 소변이 덩어리로 뭉쳐 굳는 것은 이 벤토나이트 덕분이다. 하지만 '벤토나이트의 모래 먼지를 고양이가 들이마시면 어쩌지?' 하는 불안의 목소리도 여전히 인터넷상에 많이 보인다.

그러나 결론부터 말하자면 아직 벤토나이트를 포함한 광물계 모래 사용과 특정한 질병 발병과의 관련성은 보고된 바 없다. 벤토나이트에 중독된 고양이의 사례는 보고된 바 있지만, 이는 이물질을 먹는 이식증 고양이가 벤토나이트 모래를 대량으로 먹은 희귀 케이스이다.

물론 벤토나이트뿐 아니라 대부분 고양이 모래의 모래 먼지는 가능한 한 고양이가 들이마시지 않는 편이 가장 좋다. 냥토스네에서도 사용하는 벤토나이트 모래 중 먼지를 줄이는 공정을 거친 '프레셔스 캣 닥터 에르스레이'나 '라이온 냄새 잡는 모래'는 먼지가 무척 적고 잘 굳고 소취 효과도 뛰어나다.

다만 벤토나이트 모래는 '변기에 버리지 못한다'라는 단점이 있어 쓰레기를 버리는 날까지 냄새가 신경 쓰이는 반려인도 있을지 모른다. 냥토스네는 냄새가 새지 않는 봉투에 넣어 고양이 화장실 옆에 마련한 전용 쓰레기통에 넣어두었다 쓰레기 버리는 날에 내다 놓는 스타일을 이어가고 있다(쓰레기 분리수거는 각 지

역구의 규정에 따라주세요!). 이 봉투는 방취력이 매우 뛰어난 소재(BOS)로 만들기 때문에 갓 싼 따끈따끈한 냥짱의 응가도 이 봉투에 넣고 꽉 묶으면 냄새가 나지 않아 무척 유용하다.

피해야 할 고양이 화장실 모래의 특징을 알아두자

그럼 벤토나이트(광물계) 이외의 모래는 어떨까? 우선 종이나 나무, 콩비지 등의 소재로 만든 고양이 모래는 벤토나이트와 비교했을 때 입자가 큰 편이 많은데, 고양이 중에는 발바닥 육구(젤리)에 닿는 감촉을 싫어할 수도 있다. 또한 잘 굳지 않는 모래는 청소용 삽으로 뜰 때 잘 부서지기도 한다. 다 치우지 못하고 화장실에 남은 모래 찌꺼기와 그 냄새를 싫어하는 고양이가 의외로 많다. 전혀 뭉쳐지지 않는 실리카겔 소재의 모래는 고양이에게 인기가 없다는 연구 결과가 있어 지금은 추천하지 않는다.

또한 고양이에게는 모래를 긁는 맛도 중요하다. 고양이는 자연의 모래에 가깝고 어느 정도 무게감 있는 모래를 더 좋아한다고 한다. 놀이터 혹은 공원에 있는 모래밭에서 볼일을 보는 고양이가 있는 이유도 넓은 데다 자연의 모래가 충분히 있기 때문일 듯하다. 종이나 콩비지로 만든 고양이 모래는 가벼운 편이라 배변 후 덮기 위해 긁을 때 무언가 부족함을 느끼지는 않을까?

그러나 이식증 때문에 고양이 모래를 먹는 고양이는 앞에서 설명한 바와 같이(125쪽 참조) 건강을 해칠 가능성이 있기 때문에 벤토나이트가 아닌 콩비지 등 먹어도 괜찮은 소재로 만든 고양이 모래를 사용하는 편이 좋다. 또한 드물긴 하지만 모래가 원인이라고 추측되는 알레르기 증상(기침 등)이 고양이에게 나타난다면 사용을 멈추고 담당 수의사에게 진찰을 받아야 한다.

최근에는 향기가 더해진 고양이 모래도 많아졌는데, 보고에 따라서는 향기가 있는 고양이 모래를 고양이가 싫어한다는 연구 결과도 있어 개인적으로는 무향인 고양이 모래를 사용하는 편이 좋지 않을까 생각한다.

시스템 화장실이라도 가능한 한 입자가 작은 모래를 쓰자

최근 사용하는 집이 많아진 '시스템 화장실'에 관해서도 설명해보겠다.

시스템 화장실은 일반 화장실보다 관리가 좀 더 편하고 냄새 또한 덜 신경 쓰이기에 반려인에게는 무척 편리하다고 높은 평가를 받는 반면 고양이의 평가는 매우 낮다. 라이온 상사(일본의 유명 반려동물용품 제조 회사)의 실험에 따르면 5가지 종류(①벤토나이트 ②나무 ③종이 ④콩비지 ⑤시스템 화장실용 우드 펠렛)의 고양이 모래 중 시스템 화장실용 우드 펠렛이 고양이에게 가장 인기가 없었다고(사용 횟수는 벤토나이트 19회, 나무 11회, 종이 5회, 콩비지 4회, 우드펠렛 2회) 한다. 실제로 시스템 화장실을 둔 집에서 화장실 사용을 싫어하는 고양이가 많은 듯하다.

고양이가 왜 시스템 화장실을 싫어하느냐면 '시스템 화장실용 모래 입자가 크기 때문'이 아닐까 생각한다. 앞에서 말했듯 다

양한 연구에서 '고양이가 가장 좋아하는 고양이 모래는 입자가 작고 자연 상태의 모래에 가까운 것'으로 밝혀졌다.

그러나 시스템 화장실용 모래는 이와는 정반대이다. 자연의 모래와는 거리가 멀어 발바닥에 닿는 감촉이나 긁는 맛이 고양이에게 위화감이 드는 것 같다. 만약 시스템 화장실을 준비했을 때 고양이가 화장실 사용에 실패하거나 화장실을 싫어하는 사인이 보인다면 우선 화장실을 벤토나이트 모래+폭이 50cm 이상의 큰 화장실로 바꾸어보자.

실제로 시스템 화장실에서 벤토나이트 모래를 부은 큰 화장실로 바꾸었을 때 화장실 실수가 전혀 없어졌다든가 고양이가 기분 좋게 볼일을 보게 되었다는 반려인의 의견을 많이 듣고 있으니 효과 있는 대책이라고 할 수 있다.

그렇지만 시스템 화장실이 반려인의 수고를 덜어준다는 장점과 함께 고양이 소변 색깔을 관찰하거나 소변 채취가 쉽다는 큰 장점이 있다. 오랫동안 시스템 화장실만 사용해온 고양이라면 그쪽을 더 좋아할 수도 있기에 시스템 화장실을 계속 쓴다면 입자가 작은 화장실 모래를 사용하면 고양이에게 더 좋을 수도 있다.

또한 시스템 화장실을 사용하는 집에서는 화장실에 부은 모래양이 적은 경우가 많으리라 생각하는데, 실제로 거름판 부분이 보인다면 고양이 모래가 너무 적은 것이다. 넉넉하게 고양이 모래를 부어주어 더욱더 고양이의 이상적 화장실에 가깝게 만들어주자.

 사냥 본능을 자극하면 고양이가 행복해한다

고양이는 '사냥을 하는 동물'이라고 지금까지 이야기해왔다. 따라서 사냥을 흉내 낸 놀이를 고양이의 일상에 넣는 것도 고양이가 더 많이 행복하게 생활하기 위해 꼭 필요한 일이다.

고양이에게 '사냥'이라는 행위는 원래 식사의 일환이었다. 그러니 '놀이 후 식사' 루틴을 만들면 더욱더 고양이 본연의 포식 행동에 가까워질 수 있다.

예를 들어, 반려인이 방안에 건사료를 뿌리고 고양이가 이를 찾아다니며 먹는 놀이는 단순하지만 무척 자연에 가까운 놀이 중 하나이다. 또한 휴지 심을 피라미드 형태로 쌓아 올린 후 휴지 심 안에 간식이나 건사료를 넣으면 고양이는 앞발을 사용하여 잘 꺼내 먹을 것이다. 이러한 '머리를 쓰는 놀이'도 고양이의 사냥 본능을 충족할 수 있으므로 추천하고 있다. 시판용 먹이 퍼즐이나 간식 볼을 사용하는 것도 좋다.

두루마리 화장지 심을 쌓은 후 건사료를 넣어 놀게 해도 OK!

굴릴 때마다 작은 구멍에서
건사료가 나오는 간식볼!

놀이하며 조금씩 밥을 먹는 행동은 작은 동물을 하루에 여러 번 사냥하여 10여 마리 정도 먹던 고양이 본래의 식생활에 가깝게 만들 수 있으니 꼭 시도해보기 바란다.

낚시대나 막대 형태의 고양이 장난감을 사용한 반려인과의 놀이도 적극 추천한다. 고양이 장난감을 움직일 때는 실제로 고양이가 사냥하던 작은 동물의 움직임을 떠올리며 움직이자. 예를 들어, 쥐처럼 재빨리 지그재그로 움직인다거나 작은 새가 날 듯 허공에서 나풀나풀 움직이면 고양이가 좋은 반응을 해줄 것이다.

그리고 사냥에 실패만 하면 금방 흥미를 잃으니 반드시 몇 번에 한 번은 고양이가 장난감을 잡도록 한다. 고양이가 사냥에 성공하도록 적절히 유도하는 것도 고양이와 잘 노는 비결이다.

원래 고양이는 그늘 등에 숨어 기다렸다가 단숨에 덮치듯 사냥하는 동물이다. 이 행동을 방의 벽이나 가구 등을 잘 이용하여 재현해주자. 장난감이 보일 듯 말 듯 움직이면 빠져들어 궁둥이를 흔들면서 사냥감을 향해 달려들 것이다.

먹이 퍼즐도 추천!

바스락거리는 질감도 고양이에게는 매력적이다. 폴리에스터 재질의 터널을 이용해 노는 것도 추천한다. 우리 집 냥짱도 이 터널을 아주 좋아하는데 터널에 숨어 있을 때 오뎅 꼬치를 흔들면 이걸 사온 걸 후회할 정도로 엄청나게 달려든다(웃음).

놀이 시간이 끝났다면 반드시 장난감을 고양이가 꺼낼 수 없는 장소에 넣어두자. 장난감을 살 때는 고양이가 혹시 삼켜 위험하지는 않을지 등을 주의해서 고르면 안심하고 놀 수 있다.

열사병이나 저온 화상 등에 주의하며 실내온도를 제대로 관리하자

고양이에게 쾌적한 환경을 마련해주기 위해서는 실내온도 관리도 중요하다. 특히 여름철에는 인간과 마찬가지로 열사병 등의 온열질환에 주의해야 한다. 에어컨 설정 온도는 25~28도, 습도는 50% 정도가 최적이라고 하니 너무 덥지 않게 항상 일정한 실내온도를 유지해주면 좋다.

"선풍기로 바람을 쐬면 괜찮지 않을까?"하며 에어컨을 쓰지 않으려는 반려인도 있을 듯하지만, 고양이에게 선풍기는 무의미하다. 왜냐하면 고양이는 발바닥 육구에서만 땀이 나기 때문에 선풍기 바람을 몸으로 맞아도 시원함을 느끼기 어렵다.

최근에는 장모종의 털을 깎는 '여름맞이 미용 Summer Cut'을 자주 보는데, 냥토스는 이에 반대한다. 왜냐하면 고양이는 하루 중

많은 시간을 그루밍에 사용하는데 털을 깎으면 아무래도 고양이가 위화감과 스트레스를 느낄 가능성이 있다. '절대 깎으면 안 돼!' 하는 이유는 없지만 개인적으로는 털을 깎지 않고 실내온도를 일정하게 유지하는 것만으로 충분하다고 생각한다.

쾌적하다고 느끼는 실내온도는 고양이마다 다르다. 고양이 중에는 에어컨 바람을 싫어하는 고양이도 있을 것이다. 내 고양이의 모습을 잘 관찰하여 그에 맞는 쾌적한 온도와 습도를 찾아주도록 하자. 고양이는 자신이 편하다고 느끼는 공간에서 쉬는 것을 좋아하니 에어컨을 튼 방을 준비한 후 욕실이나 다른 방으로 이동할 수 있게 해두는 것을 추천한다. 고양이 혼자 집에 있어 하우스 케이지 등에 넣어둘 때는 에어컨 바람이 고양이에게 직접 닿지 않도록 주의하자. 냉감 시트 등을 준비하는 것도 좋다.

한편 겨울철에도 그에 맞게 실내온도를 신경 써야 한다. 기온이 내려가면 인간과 마찬가지로 고양이에게도 요로계 질병이 증가하는데, 이는 추우면 화장실에 가는 것을 꺼려 고양이가 소변을 참게 되기 때문이다. 그러니 배변을 참지 않도록 겨울철에는 고양이 화장실을 따뜻한 방에 두도록 하자.

또한 겨울이 되면 석유 난로나 전기장판으로 난방을 하는 반려인이 많을 텐데 고양이가 화상, 특히 온열 화상을 입지 않도록 주의하자. 화상이 골치 아픈 이유는 시간이 지난 후에야 상처가 나타나기 때문이다. 특히 고양이는 털 때문에 피부 상태를 겉보기로는 잘 알 수 없다. 화상을 입은 지 며칠이나 지나서야 피부가 짓물러 있었음을 발견한 예도 적지 않다.

　난로 위에 올라갔다가 발바닥 육구에 화상을 입는 고양이도 있다. 가능한 한 시스템 난방기나 온풍기 등을 사용하는 것을 추천하지만 석유 난로를 사용할 때는 난로 주변에 울타리 등을 둘러 고양이가 가까이 가지 못하도록 대책을 세우자. 코타츠^{Kotatsu, 일본에서 대중적으로 사용하는 난방기구}나 전기매트 등도 저온 화상을 입을 우려가 있으니 가능한 한 온도는 낮게 설정하고 밤낮으로 계속 틀어놓지 않도록 한다.

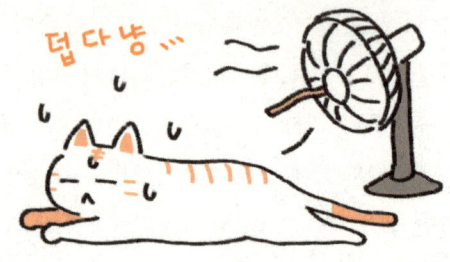

 다묘多猫는 신중하게 생각하자

　고양이를 반려하다 보면 고양이가 의외로 외로움을 타고 어리광을 부린다는 것을 느낄 때가 많지 않은가? 그러한 고양이를 보며 '오랜 시간 혼자 집에 있는 게 불쌍해… 친구가 있는 게 더 좋지 않을까?' 하고 고민하는 것은 지극히 자연스러운 일이라고 생각한다. 실제로 한 연구에 따르면 고양이 한 마리만 반려하는 집에서 분리불안증을 앓는 고양이가 더 많았다는 연구 결과도 있다. 그러나 고양이 한 마리를 기르는 일과 두 마리 이상 기르는 일은 단순히 반려인의 수고나 비용이 2배가 되는 것이 아니다. 다묘 가정의 단점도 잘 이해해둘 필요가 있다.

화장실이나 식사 관리가 어렵다

특히 가장 힘들어지는 일이 화장실과 식사 관리다. 어떤 고양이가 얼마큼 밥을 먹고 물을 마시는지, 소변이나 대변 구토나 설사를 어느 고양이가 했는지 판단하는 일은 어려울 때가 의외로 많다. 식사량 관리가 소홀해지면 비만이나 영양 부족으로 이어지게 되고, 식욕이 떨어졌다든가 하는 질병의 초기 증상을 알아채지 못하게 될 수도 있다. 또한 고양이가 소변을 누지 않는 것을 놓치면 목숨이 위중해질 수도 있다.

내 고양이가 오래 살기를 바란다면 건강관리가 중요한데, 고양이 수가 늘면 늘수록 관리가 복잡해지고 어려워진다.

더 좋으리라 생각해 새로운 고양이를 가족으로 맞이한 일이 기존에 있던 고양이에게 스트레스가 되는 경우도 많다. 고양이는 영역을 중시하는 동물이므로 자신의 영역 안에 갑자기 다른 고양이가 늘어나는 일이 스트레스가 되는 것은 지극히 당연하다고 할 수 있다. 실제로 '특발성 방광염'이나 '고양이 전염성 복막염[FIP]'

등 다양한 질병의 발병 위험을 높이는 위험 인자에 '다묘 가정'이 포함된다. 다묘 가정을 부정하는 것은 아니지만 반려인의 안이한 판단으로 집안에 고양이가 늘어나는 일은 기존 고양이에게 부담됨을 반려인이라면 명심해야 한다.

또한 위급한 상황일 때도 다묘라면 걱정이 끝이 없다. 최근에는 전대미문의 재해가 일어나고 있지만 많은 대피소에서는 여전히 고양이 사료와 물, 화장실 모래, 이동장 등이 마련되어 있지 않다. 따라서 고양이 재난 대비 용품 대부분은 반려인 스스로 준비해두어야 하는데 고양이의 수가 늘어나면 늘어날수록 짐도 늘어날 수밖에 없다.

외동 고양이를 반려하는 집에서는 고양이가 혼자 집에 있을 때 지나치게 외로움을 탄다면 우선 혼자서도 놀 수 있는 장난감을 준비해보자. 실제로 한 연구에 따르면 분리 불안을 느끼는 고양이는 혼자 놀 수 있는 장난감이 없는 경우가 많았다고 한다. 간식볼이나 먹이 퍼즐, 폴리에스터 재질의 터널이나 캣잎 쿠션, 혼자서도 놀 수 있는 장난감 등을 다양하게 시도해 내 고양이가 좋아하는 장난감이 무엇인지 찾아 미리 준비하기를 추천한다.

다묘 가정은 꼭 고양이별로 개인 공간을 확보한다

이미 고양이를 두 마리 이상 반려하는 집이라면 고양이끼리 사이가 좋은지, 따돌림을 당하는 고양이는 없는지 잘 관찰하자. 고양이끼리 사이가 좋다는 사인은 다음과 같다.

- 서로 꼬리를 감는다.
- 서로 코를 맞대고 인사한다.
- 서로 머리나 볼을 문지른다.
  (페로몬 분비샘이 있는 부위로 냄새를 묻히는 의미가 있다.)
- 서로 그루밍을 해준다.
  (한쪽이 일방적이라면 상하 관계가 존재할 가능성도 있다.)
- 같이 자거나 꼭 붙어서 쉰다.

사이가 나쁠 때는 다음과 같은 적대적 행동이 나타난다.

- 고양이 펀치를 날리거나 깨문다.
- 마운팅(등 위에 올라타 목덜미를 무는 행위)을 한다.
- 고양이끼리 계속 노려보면서 한쪽이 위협적으로 바짝 다가간다.
- 귀를 옆으로 눕히고(일명 마징가 귀) 꼬리가 내려간다.

이때 반려인이 주의해야 할 점은 '고양이끼리 언뜻 보기에는 사이가 좋아 보여도 실은 서로 신경 쓰고 있는 중'일 수도 있다는 점이다. '반려인의 눈에 보이는 싸움이 없다=고양이끼리 사이가 좋다'고는 할 수 없다. 함께 밥을 먹고 잠을 자더라도 식사 장소나 좋아하는 잠자리가 고양이 수만큼 있지 않다면 어쩔 수 없이 장소를 공유해야 하는 경우가 있기 때문이다(물론 앞에서도 말했듯이 그저 사이가 좋은 경우도 많다).

인간도 싫어하는 사람과 방을 공유하거나 나아가 같은 곳에서 잠을 자는 것을 상상하기도 싫은데, 그건 고양이도 마찬가지이다. 특히 고양이끼리 함께 같은 곳에서 잠을 자는데도 서로 약간 떨어져 있다면 반려인의 주의가 필요하다. 반려인이 눈치채지 못하는 동안 상성이 맞지 않는 고양이와의 생활로 마음속에 스트레스를 쌓아두고 있는지도 모른다.

이러한 스트레스를 피하기 위해서는 각각의 고양이에게 자기만의 공간을 확보해줄 필요가 있다. 이상적인 방법은 다른 방에 각각의 고양이용 식기, 화장실, 휴식 공간을 만들어주는 것이다. 이렇게 하면 다른 고양이의 시선을 피할 수 있고 괴롭힘이나

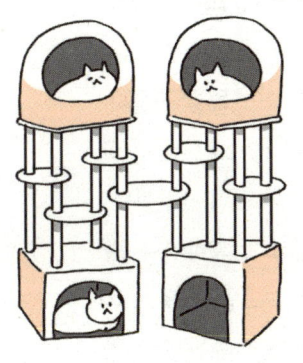

스트레스 역시 최소한으로 줄일 수 있다.

그렇지만 아무리 고양이를 위해서라고 해도 각각의 고양이에게 방을 마련해주는 일은 쉽지 않다. 그럴 때는 캣선반이나 캣타워로 '수직 공간'을 잘 활용하여 각각의 고양이에게 '자기만의 공간'을 만들어주도록 노력하자.

실제로 방 한가운데에 영역을 나눌 수 있는 선반을 놓음으로써 고양이끼리의 싸움(적대 행동)을 줄일 수 있었다는 연구 결과도 있다. 캣타워를 고를 때는 선반 같은 받침대나 숨숨집과 같은 공간이 많이 설치된 제품을 고르면 스트레스 대책에 효과적일 수 있다.

또한 모든 고양이에게 각각 다른 공간을 마련해줄 수는 없어도 사이가 좋은 고양이끼리 영역을 나누어주는 것만으로도 충분히 효과적이다. 특히 혈연관계인 고양이끼리는 친밀한 경우가 많으니 반드시 고양이를 각각의 다른 방으로 나눌 필요는 없다.

또한 다묘 가정에서는 식사 관리로 고생하는 반려인이 많을 것이다. 특히 아기 고양이, 성묘, 노령 고양이의 밥을 따로따로 주고 싶을 때나 특정한 고양이에게만 처방식을 먹이고 싶을 때 다묘 가정은 그러기 힘들다.

다묘에게 밥을 줄 때는 가능한 한 고양이끼리 떨어뜨려 놓거나 이동장 혹은 다른 방에서 먹도록 하면 좋다. 고양이가 식사를 마칠 때까지 반려인이 옆에서 지켜보고, 밥이 남았다면 다른 고양이가 먹으려고 하기 전에 치우자. 이렇게 하는 것도 도저히 불가능하다면 종이상자로 아래 그림과 같은 가드를 만들어주는 것도 추천한다.

화장실 관리는 더욱더 힘들다. 반려인이 주의 깊게 관찰하는 게 가장 좋은 대책일 만큼 다른 방법이 없을 정도다. 목걸이나 인식칩 등으로 고양이별로 식별이 가능한 '스마트 고양이 화장실'은 고양이별로 소변 양이나 배변 횟수, 체중 등을 효율 높게 모니터할 수 있다고 하여 화제이지만 이는 모두 시스템 화장실이다.

콘셉트는 무척 좋지만 고양이에게 가장 좋은 화장실을 사용하지 못하는 상태에서의 '건강 관리'가 된다면 본말전도라고 생각한다. 인간의 자기만족이 아닌 진정한 의미에서 '고양이를 위한' 화장실로 진화하기를 기대해본다.

다묘 가정에서 고양이마다 다른 밥을 먹이고 싶을 때는 종이상자로 가드를 만들어보자.

고양이와 대피하기, 지금 당장 가능해야 한다

최근 기상 이변이나 지진 등이 정말 많이 일어난다. 언제 어디서 재난에 휘말려도 이상하지 않다. 그럴 때 내 고양이를 지킬 수 있을지 불안하면서도 구체적인 대책은 뒷전으로 미루고 있지 않은가? 위급 상황에서 반려동물을 지킬 수 있는 것은 반려인의 평상시 대비뿐이다. 고양이와 함께 대피할 때 올바른 지식과 마련해두어야 할 재난 물품을 소개할 테니, 이 기회에 준비해두자.

애초에 우리는 고양이와 함께 대피할 수는 있는 것일까? 반려동물과 대피소로 갈 때는 크게 나누어 2가지 방법이 있다.

1. 동행 대피 … 반려동물과 함께 대피소로 가는 것.
2. 동반 대피 … 대피소에서 반려동물과 같은 방에서 지내는 것.

"반려동물과 대피한다"라는 말을 들으면 '동반 대피'를 떠올리는 사람이 많지 않을까 한다. 하지만 몇 개 지자체에 직접 전화를 걸어 확인해보니 반려동물과 함께 대피소에 갈 수 있는 '동행 대피'는 가능하나 반려동물과 같은 공간에서 지내는 '동반 대피'는 불가능한 경우가 대부분인 게 현재 상황인 듯하다.

실제로 2016년 구마모토 지진에서는 대피한 반려동물 중 실내 대피할 수 있었던 반려동물은 불과 30%로 나머지 70%가 실외

혹은 차에서 지냈다고 한다. 한여름이나 한겨울에는 실외에서만 지내야 하는 반려동물의 건강도 걱정이다.

이러한 상황을 생각하면 대피소로 동행 대피하는 것뿐 아니라 재택 대피나 지인 혹은 반려동물 호텔에 맡기는 등의 선택지를 생각해두는 일도 매우 중요하다. 재택의 내진 강도나 사는 지역의 재해(홍수나 산사태 등) 위험 지도 등을 잘 확인하고 재택이 위험할 때는 높은 지대 등 안전한 지역에 반려동물을 맡길 수 있는 곳을 미리 찾아두자.

이번 지자체와의 인터뷰에서 알게 된 또 하나의 중요한 포인트는 대부분 지자체가 '하우스 케이지 여유분이 없다'라는 점이다. 즉 동행 대피를 했더라도 반려동물을 좁은 이동장에 계속 넣어 두게 되는 셈이다. 그러니 고양이가 지낼 하우스 케이지 등을 반려인이 직접 준비할 필요가 있다. 이러한 점들을 고려하여 냥토스네에서는 145쪽 그림에 있는 재난 용품을 미리 준비하고 있다.

2011년 동일본 대지진 때는 반려동물용 구호 물품 운반 차량이 긴급 차량으로 인정받지 못해 반려동물 사료가 반려인에게 전달되기까지 꽤 시간이 걸렸다고 한다. 그러니 건사료와 물은 최소 5일분 정도는 준비해두자. 환경 변화에 의한 스트레스로 물을 마시지 않으려는 경우도 있으니 습식사료도 함께 준비하면 더욱 더 안심이다. 캔도 좋지만 부피가 작은 파우치 형태가 더욱 추천할 만하다. 약이나 처방식을 먹인다면 반드시 준비해두자. 구호 물품 중에 반려동물용 처방식이나 약도 포함되어 있다고 하지만 내 고양이에게 필요한 것이 있다는 보장은 없기 때문이다.

대피소에서도 고양이가 가능한 한 쾌적하게 지낼 수 있게 접을 수 있는 형식의 휴대용 케이지와 휴대용 화장실도 준비해두자. 고양이 모래 중 이상적인 것은 벤토나이트 모래이지만 도보로 대피해야 한다면 종이 모래 등 가볍고 처리가 간단한 종류를 지퍼가 달린 비닐봉지에 넣어 준비해두면 좋다.

대피소에서 체류할 때는 하네스(가슴줄)와 리드줄을 채워두는 편이 좋다. 목줄은 고양이가 발버둥 치면 빠질 수도 있으니 목줄뿐 아니라 가능한 한 하네스도 함께 준비하자.

또한 평소에는 얌전한 고양이라도 재해와 같이 평소와 다른 상황에서는 패닉 상태에 빠져 예상 밖의 움직임을 보일 가능성이 있으니 만약을 대비해 고양이를 세탁망에 넣어두면 안심할 수 있다. 밥그릇은 더러워지면 버릴 수 있는 플라스틱 용기나 종이 그릇이 편리하다.

평소 고양이에게 마음의 준비를 하게 하는 것도 중요한 방재 대책이다. 가장 먼저 이동장에 적응시키자(198쪽 참조). 평소에도 이동장을 숨숨집처럼 실내에 두는 것도 추천한다. 또한 미리 백신 접종 및 벼룩과 진드기, 심장사상충 예방을 해두는 것도 중요하다. 왜냐하면 대피소에는 다른 동물들도 모여들고, 비상시에는 위생 상태나 영양 상태의 악화나 스트레스로 면역이 떨어질 가능성도 있기 때문이다. 대피소에 따라서는 평소 감염병 예방을 해두는 것이 반려동물 동행 대피의 조건인 경우도 있다.

재해나 대피 시에는 반려동물 탈주 사고도 자주 발생한다. 갑작스럽게 떨어지지 않도록 미리 인식표나 마이크로칩을 고양이에게 장착해두자.

고양이와 집사가 따로따로 재해를 입을 가능성도 적지 않다. 2011년 동일본 대지진 때는 당일에 귀가하지 못한 사람이 수도권에서만 515만여 명이었다고 한다. 슬프게도 외출 중에 재해를 입어 그대로 사망한 사람도 적지 않다. 그때 홀로 집에 남겨진 고양이는 어떻게 될까? 남겨진 고양이가 걱정되어 억지로 집에 돌아가려 하면 이번에는 반려인의 목숨도 위험해질 수 있다.

따로 있을 때 재해를 입어도 고양이가 안전하게 반려인의 도움을 기다릴 수 있도록 다음의 집안 재난 대책을 마련해두자.

- 지진 시 가구가 쓰러지지 않게 고정한다.
- 창문이 깨져 파편이 흩어지지 않도록 유리창에 시트지를 붙인다.
- 자동 급식기와 급수기를 들인다.
- 물이나 화장실은 평소에도 만반의 준비를 하자.

고양이는 스스로 대피할 수도, 재해에 대비하여 준비할 수도 없다. 고양이가 기댈 것은 오직 반려인뿐이다. 이 기회를 계기로 재난 대책에 무엇이 부족한지 체크한 후 직접 보고 준비해두자. 환경성 홈페이지(한국의 경우 '국민재난안전포털' 참조)에도 참고가 될 만한 팸플릿이 많이 있으니 꼭 살펴보도록 하자.

※ 필요할 때는 처방식과 약도 미리 준비해두자.

 ### '고양이 주도'의 거리감을 지키는 것도 애정이다

고양이가 행복하게 생활하기 위해서는 우리 인간과 고양이 사이에 좋은 관계를 쌓는 일도 중요하다. 2020년부터 코로나19로 집에 있는 시간이 늘어난 반려인도 많을 것이다. 냐토스도 재택 근무가 늘어 '사랑하는 냥짱과 함께 일할 수 있다니, 꿈만 같은 생활!'이라고 생각했지만 고양이에게는 평소 반려인이 없던 시간에도 반려인이 집에 있어 스트레스를 느꼈을지도 모른다.

실제로 수의사들 사이에서도 긴급 사태 선언 발령 후 재택 시간이 늘어난 무렵부터 스트레스가 원인으로 추정되는 건강 이상으로 동물병원에 오는 고양이가 늘었다는 이야기가 화제가 되었다. 바로 이런 때일수록 고양이와 반려인 사이의 거리감을 재검토할 필요가 있다.

기본적으로 고양이는 '박명박모성薄明薄暮性'이라고 하여 주로 박명薄明, 해가 뜨기 전이나 해가 진 후 얼마 동안 주위가 희미하게 밝은 상태과 박모薄暮, 해가 진 뒤 어스레한 동안 시간대에 활발하게 행동하는 동물이다. 평소 반려인이 직장이나 학교에 가는 낮에는 계속 낮잠을 자는 고양이가 많을 것이다. 그러한 시간대에 고양이를 너무 귀찮게 하면 고양이의 생활 패턴이 단숨에 무너질 우려가 있다.

고양이를 만지는 방법에도 주의가 필요하다. 귀여운 고양이가 눈앞에 있다면 아무래도 가만히 두기 매우 어렵겠지만, 대부분 고양이는 반려인에게 안기거나 반려인이 자신의 배에 얼굴을 묻는 행동을 싫어한다. 슬프게도 반려인의 일방적인 스킨십은 자신의 페이스를 중시하는 고양이에게 민폐일 수도 있는 셈이다.

나도 냥짱이 귀여워 어쩔 줄 모르기에 자신도 모르게 안고 싶은 반려인의 마음을 너무도 잘 안다. 하지만 꾹 참고 냥짱이 다가올 때만 만지려고 애쓰고 있다. 낮에는 서로를 내버려두려고 한다. 조금 서운하지만 일은 무척 잘 된다(웃음). 냥짱이 창가의 책장 위에서 폭풍 수면을 즐기다 저녁 무렵에 슬금슬금 일어나 나에게 응석을 부리기 시작하면 그때서야 냥짱에게 말을 걸거나 쓰다듬거나 같이 놀아주고 있다.

쓰다듬을 때는 볼이나 턱 등 페로몬을 분비하는 곳을 쓰다듬으면 좋아한다. 필요 이상으로 만지지 말고 서로 무리 없이 일정한 거리를 유지하는 '고양이 주도'를 의식할 수 있다면 고양이와 더욱 좋은 관계를 맺는 반려인이 될 수 있을 것이다.

아울러 전하고 싶은 점은 고양이와의 키스는 위험하고 잘못된 애정 표현이라는 사실이다. 고양이가 싫어하는 것은 물론이거니와 인수공통 감염병의 위험이 있다. 고양이 입안에는 다양한 원인균이 많이 있다. 일본에서는 2018년 '궤양성 코리네박테리움 Corynebacterium ulcerans'이라는 세균에 감염되어 60대 여성이 사망했다. '헬리코박터 파일로리균Helicobacter pylori'의 일종인 '헬리코박터 헤일마니Helicobacter heilmannii'라는 균은 인간에게 감염되면 '위말트림프종Gastric MALT lymphoma'이라는 암을 일으키는데, 최근 연구에 따르면 집고양이의 50%가 이 균을 보유하고 있다는 사실이 밝혀졌다.

그 외에도 '파스퇴렐라 멀토시다Pasteurella multocida'라는 균은 고양이의 100%가 보유하는 상재균인데, 고양이에게 물리거나 고양이와의 키스나 입으로 음식물을 주는 행위 등으로 인간에게 감염되는 경우가 있다. 거듭 말하지만, 서로 기분 좋은 생활을 하기 위해서는 고양이와 반려인 모두 적당한 거리감을 지켜야 함을 꼭 염두에두기 바란다.

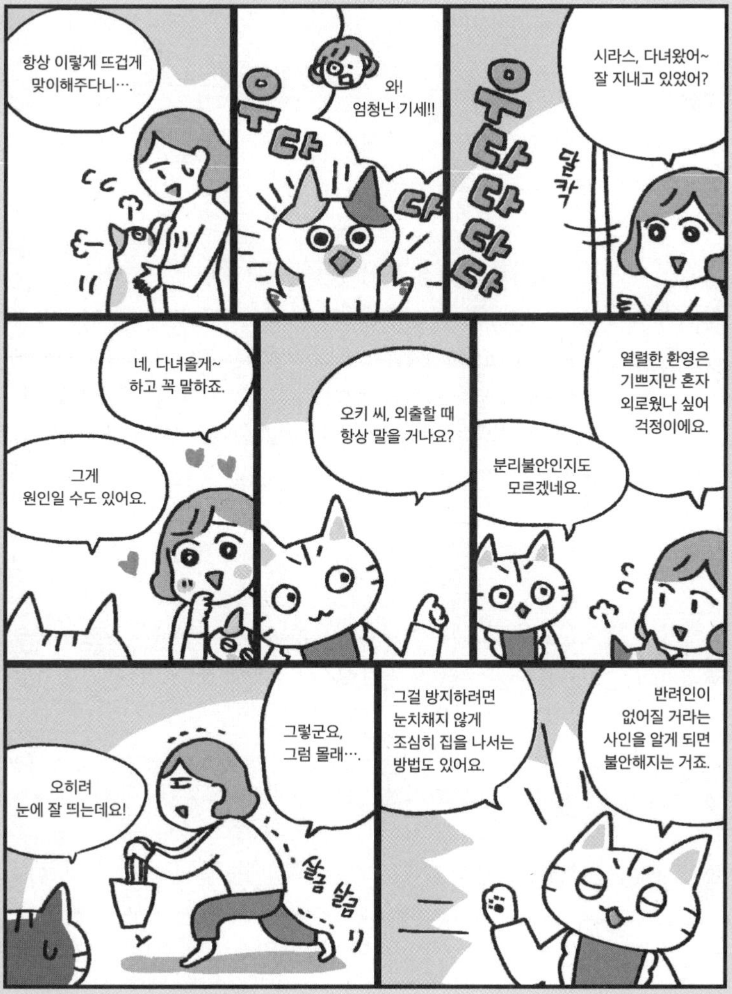

집에 혼자 있을 때 가지고 놀 수 있는 장난감을 준비하자

 오키에이코(이하 오) 우리 시라스는 제가 외출해 집에 혼자 있는 시간이 약간 길어지면 귀가했을 때 엄청난 기세로 반가워해요.

 냥토스(이하 냥) 그럴 때 시라스는 어떤 느낌인가요?

 오) 특히 밤에 제가 없으면 냐옹 냐옹 우는 모양이에요. 사람이 돌아와도 좀처럼 흥분이 가라앉지 않아요.

 냥) '분리불안' 증상 중 하나인지도 모르겠네요. 고양이 분리불안은 최근 증가하는 추세인데요. 많은 반려인이 고양이를 실내에서만 키우면서 사람과 고양이 사이의 거리가 더욱더 가까워진 것과 관계가 있지 않을까 추정하고 있어요. 하지만 뚜렷한 원인은 아직 밝혀지지 않았어요. 고양이마다 자라온 환경이나 성격 등이 다르니까요.

 오) 그렇군요~ 분리불안이라고는 생각도 못 했어요.

 냥) 분리불안에는 지나치게 울거나 뛰어다니거나 물건을 부수거나 때로는 화장실 외의 장소에 소변을 흘리거나 하는 등 다양한 증상을 보여요.

 오) 증상을 완화하려면 어떻게 해야 하나요?

 냥) 좋은 방법의 하나로 고양이가 집에 혼자 있다면 가지고 놀 수 있는 장난감을 마련해주는 거예요. 건사료나 간식이 한 알씩 나오는 '간식볼'을 추천해요. 그밖에 혼자 놀 수 있는 장난감으로는 안고 뒷발 팡팡 할 수 있는 긴 인형이나 부스럭거리는 소재의 터널 등도 좋아요. 고양이의 스트레스 감소에 도움이 돼요.

오) 잠깐 검색해보니 다양하게 나와 있네요. 바로 사볼까 봐요.

냥) 그럼 좋지요. 새로운 장난감을 쓸 때는 고양이가 혼자 집에 있을 때도 올바르고 안전하게 놀 수 있는지 반드시 확인하는 것도 잊지 마시고요!

반려인의 옷이랑 담요 등을 깔아두자

냥) 다른 방법으로는 반려인의 냄새가 나는 옷이나 담요를 고양이가 좋아하는 장소에 깔아주는 것도 좋아요.

오) 시라스가 제 냄새를 맡고 안정을 찾는다니, 뭉클하네요.

냥) 그리고 외출 전에 '반려인이 곧 나간다는 사인'을 주지 않는 게 중요해요.

오) '곧 나간다는 사인'요?

냥) 나갈 때 고양이에게 "다녀올게"나 "잘 지내고 있어"라고 꼭 인사하는 걸 말해요.

오) 저 그거... 매번 마음껏 했는데요. 시리스에게 좋을 거라고 생각했어요.

 냥) 자연스럽게 나가는 방법은 개에게는 효과가 있다고 해요. 고양이는 분리불안 그 자체가 인지되기 시작한 게 최근이므로 확실한 효과까지는 아직 알 수 없지만 시도해볼 가치는 있지요.

 오) 쿨하게 나가는 느낌이 좋겠네요.

 냥) "다녀올게~!" 인사하지 말고 담담히 스윽 나가는 게 좋겠지요(웃음).

 오) 알겠어요. 아 선생님, 참고로 응가하기 전후에 마구 달리는 '배변 후 우다다'에는 이유가 있나요?

 냥) '배변 후 우다다'에는 다양한 설이 있긴 하지만 이 또한 확실한 건 아직 밝혀지지 않았어요. '지금부터 응가할 거다냥!' 하는 기합을 반려인에게 전하는 건지도 모르죠(웃음). 고양이는 아직 수수께끼가 많은 매혹적인 생물이랍니다.

※ '배변 후 우다다' 이야기는 다음 '제4장 최신 연구와 고양이 잡학' 중 168쪽에서 자세히 설명하겠습니다!

제 4 장

최신 연구와 고양이 잡학

난치병 치료를 위한 연구는 끊임없이 진행 중이다

고양이 질병 중에는 현재의 수의학으로는 아직 완치가 어려운 것이 여럿 있다. 새로운 치료법이나 신약의 등장을 기도하는 마음으로 간절히 기다리는 반려인도 있을 것이다. 나도 그러한 연구에 종사하는 사람으로서 하나라도 더 많은 생명을 구하는 날이 오도록 있는 힘을 다하자고 매일 생각한다. 실제로 동물의 병에 관한 연구는 매일 진보하고 있다. 그 한 부분을 소개함으로써 고양이의 목숨을 살리기 위한 앞으로의 수의료 연구에 반려인들이 기대해준다면 좋겠다.

'제4장 최신 연구와 고양이 잡학'에서는 고양이가 많이 걸리는 질병의 최신 연구와 아직 수수께끼투성이인 고양이의 행동과 생태에 관해 이야기해보려고 한다.

 신약 'AIM'이 신장병에 효과적이다?

노령묘의 사망 원인으로 암과 함께 가장 많이 발병하는 병이 만성 신장병이다. 고양이는 인간이나 개와 비교했을 때 신장병에 걸리기 쉽다고 알려져 있는데, 왜 그런 것인지에 관한 자세한 메커니즘은 아직 전혀 알려지지 않았다. 따라서 유효한 치료법 역시 없는 실정이라 수의료의 큰 과제 중 하나이다.

그런 가운데 2016년 도쿄 대학(University of Tokyo) 의학부 미야자키 도루 교수 그룹이 고양이가 신장병에 걸리기 쉬운 메커니즘 중 하나를 밝혀냈다고 발표했다.

이 그룹은 이전에 AIM(Apoptosis Inhibitor of Macrophage)이라는 면역 세포에서 분비되는 단백질을 발견했는데, 이 AIM은 체내 쓰레기인 세포의 잔해의 제거를 돕는 작용이 있으며 특히 신장에 세포의 잔해가 쌓이는 것을 막음으로써 신장을 보호한다고 한다. 그 후 친한 수의사로부터 "고양이는 신장병에 걸리기 쉽다"라는 이야기를 듣고 고양이의 신장병에도 AIM이 관련되어 있으리라 생각했다고 한다.

그래서 고양이의 AIM을 자세히 조사한 끝에 고양이의 AIM은 IgM이라는 단백질과 강하게 결합하기 때문에 제대로 기능하지 못한다는 사실을 발견했다. 실제로 고양이형 AIM을 가진 유전자 변형 실험용 쥐에게 급성 신장 장애를 일으키면 정상적인 실험용 쥐보다 신장 질환이 더 빠르게 악화한다는 사실이 밝혀진 것이다.

이러한 결과를 바탕으로 고양이가 신장병에 걸리기 쉬운 이유는 AIM이 제대로 기능하지 않아 세포의 잔해가 신장에 쌓여 막혀 버리기 때문일 수 있다는 것, 그리고 정상적인 AIM을 투여하면 고양이의 신장병을 예방하거나 신장병 진행을 늦출 수 있을지도 모른다고 결론 내린 것이다. 미야자키 교수는 인터뷰에서

2022년까지 제제화製剤化를 목표로 한다고 말했다.

많은 고양이가 신장병으로 괴로워하는 현실을 생각하면 AIM은 꿈의 약처럼 여겨진다. 다만 현 상황에서는 몇 가지 과제도 남아 있다. 이번 실험으로 증명된 것은 '급성 신장 장애에 관한 AIM의 치료 효과'였고, 만성 신장병으로 진행된 상태에서 AIM이 얼마나 치료 효과를 보이는지에 관한 검토도 필요하다. 또한 수많은 고양이에게 널리 사용되기 위해서는 가격을 얼마나 낮출 수 있는지도 중요하다.

어느 쪽이든 AIM의 유효한 치료 효과가 인정받아 제제화된다면 고양이의 신장병 치료가 크게 변하리라는 사실은 틀림없다. 겨우 연구자 축에 드는 사람으로서 앞으로 하나라도 더 많은 고양이의 목숨을 구하는 연구 성과를 낼 수 있기를 바란다.

고양이 전염성 복막염 치료 약 'GS-441524'

'고양이 전염성 복막염Feline Infectious Peritonitis, FIP'은 현대 수의료에서도 고칠 수 없는 이른바 불치병으로 불리고 있다. 그런 고양이 전염성 복막염 신약이 2019년 4월에 발표되었는데, 고양이 전염성 복막염을 고칠 수 있지 않을까 큰 기대가 몰리고 있다.

고양이 전염성 복막염은 발병하면 며칠, 몇 주 이내로 죽음에 이르는 무서운 병이다. 고양이 전염성 복막염의 원인이 되는

'고양이 코로나바이러스 Feline Corona Virus(코로나19와는 다른 바이러스다)'는 주로 대변을 매개로 감염되는데, 보통은 감염되어도 가벼운 설사 정도만 있을 정도로 거의 무증상이다.

그러나 일부 고양이의 체내에서는 고양이 코로나바이러스가 갑자기 변이를 일으키는데, 이 돌연변이를 일으킨 고양이 코로나바이러스가 바로 '고양이 전염성 복막염바이러스'로 이것이 고양이 전염성 복막염을 발병하게 한다.

변이 전의 고양이 코로나바이러스는 장에 감염되지만 돌연변이에 의해 고양이 전염성 복막염 바이러스가 되면 주로 '대식세포 Macrophage'라고 불리는 면역 세포를 감염시킨다. 대식세포는 세균이나 바이러스 등의 병원체를 물리치는 세포이다.

그러나 고양이 전염성 복막염 바이러스에 감염된 대식세포는 제어 불능 상태가 되어 병원체와는 상관없이 폭주한다. 이 때문에 몸에 커다란 충격을 주는 매우 강한 염증 반응이 일어나고, 그에 따라 급격히 증상이 진행된다. 최종적으로는 거의 죽음에 이르며 평균 생존 일수는 진단부터 겨우 9일 정도라고 한다.

이러한 절망적 상황을 어떻게든 해결하고자 수많은 수의사와 연구자가 다양한 치료법을 고안하고 시도했다. 하지만 유효한 치료법은 오랫동안 발견되지 않았다. 왜냐하면 지금껏 고양이 전염성 복막염 치료는 주로 증상을 완화하는 치료(대증요법)만 할 뿐 원인이 되는 고양이 전염성 복막염 바이러스 자체를 죽일 수는 없었기 때문이다. 따라서 증상이 약간 개선되는 일은 있어도 연명 효과는 거의 없었다.

그런 상황에 2019년 4월, 한 줄기 빛이 비쳤다. 캘리포니아 대학University of California 데이비스 캠퍼스UC Davis의 연구 그룹이 고양이 전염성 복막염 특효약이 되는 신약 'GS-441524'를 발표한 것이다! 이 신약 'GS-441524'는 지금껏 없었던 '고양이 전염성 복막염 바이러스의 증식을 직접 낮추는 약'이다. 샬레 안에서 배양한 세포에 고양이 전염성 복막염 바이러스를 감염시킨 후 'GS-441524'를 뿌리자 고양이 전염성 복막염 바이러스에 매우 강한 증식 억제 효과를 보인 것이다. 따라서 연구팀은 실제 고양이 전염성 복막염에 걸린 고양이에게도 효과가 있는지 검증하기 위해 임상시험을 진행했다.

임상시험에 참가한 고양이는 31마리, 모두 고양이 전염성 복막염이 자연 발병한 고양이다. 이 고양이들에게 'GS-441524'를 하루 1번, 12주간 매일 투여했다. 그 결과 무려 31마리 중 26마리가 증상이 완화되었고 연구 발표의 시점에서 2년 가까이 생존했다는 사실이 확인되었다. 고양이 전염성 복막염의 생존 일수가 진단 후 9일 정도였음을 생각하면 지금껏 없었던 극적인 치료 효과를 보인 셈이다.

하지만 아쉽게도 현 단계에서 'GS-441524'는 미승인 약이라

기본적으로는 사용할 수 없다. 중국의 암시장에서 비정규품을 개인 수입하는 동물병원도 있지만 일본 내에서 승인된 약으로 사용하게 되려면 조금 더 시간이 걸릴 것 같다.

고양이 전염성 복막염의 발병을 완전히 막을 수는 없다. 또한 고양이 전염성 복막염의 원인이 되는 고양이 코로나바이러스도 대부분 고양이가 이미 보유하고 있기에 그 감염을 막는 일이 매우 어려운 게 현실이다. 따라서 고양이 전염성 복막염에 걸리지 않기 위해서는 고양이 코로나바이러스를 고양이 전염성 복막염 바이러스로 변이되도록 하지 않는 것, 즉 스트레스나 면역 저하를 피하는 것이 중요하다. 특히 고양이 전염성 복막염이 발병되기 쉬운 아래와 같은 고양이는 특히 주의가 필요하다.

- 1~3세의 젊은 고양이
- 순종(경험에서 보더라도 정말로 많다고 느낀다)묘
- 다묘 가정이나 사육 환경의 변화 등 스트레스를 느끼는 고양이
- 고양이 면역 부전 바이러스(FIV)나 고양이 백혈병 바이러스(FeLV) 등의 면역 저하를 동반하는 바이러스에 감염된 고양이

'GS-441524'는 획기적인 신규 치료약으로 고양이 전염성 복막염의 치료를 크게 바꿀 것이다. 정식 절차로 제제화되어 고양이 전염성 복막염으로 고통받는 고양이들에게 한시라도 빨리 가닿았으면 좋겠다.

고양이 알레르기를 줄여주는 백신과 고양이 사료

"고양이를 정말 좋아하는데 안타깝게도 고양이 알레르기가 있어요"라고 말하는 사람에게는 반가운 소식일지도 모르겠다. 고양이 알레르기를 줄이는 새로운 방법 개발이 전 세계적으로 진행되고 있기 때문이다.

고양이 알레르기를 앓는 사람 대부분이 콧물이나 재채기 등이 나오는 이유는 고양이의 'Fel d1'이라고 불리는 분자에 반응하기 때문이라고 한다. Fel d1은 주로 고양이의 타액에 많이 포함되어 있는데 그루밍 등으로 타액에서 몸의 털로 옮겨간다. 그리고 Fel d1이 부착된 털이나 수염이 공기 중에 날아다니다가 인간이 흡입함으로써 알레르기 증상이 나타나는 것이다. 즉 '이 Fel d1을 줄이면 고양이 알레르기를 죽일 수 있지 않을까?' 하는 발상이 이러한 연구가 진행되는 원동력이 된 것이다.

현재 몇몇 연구진이 이 Fel d1을 줄이는 획기적인 방법을 발표했는데, 그중 스위스의 연구진은 고양이의 체내에서 Fel d1을 제거할 수 있는 백신을 개발했다고 한다. 이 백신을 고양이에게 접종하니 Fel d1에 관한 강한 면역 반응이 유도되어 Fel d1을 60% 이상 줄이는 데 성공했고, 백신 접종으로 인한 큰 부작용도 확인되지 않았다고 한다.

한편 반려동물 식품 전문 기업 퓨리나PURINA에서는 'Fel d1에

관한 항체를 섞은 고양이 사료'를 개발했다. 사료에 포함된 Fel d1 항체는 고양이 입 속에서 타액 안에 있는 Fel d1과 결합해 결과적으로 고양이의 몸에 부착된 Fel d1을 최대 47%까지 줄여준다고 한다. 현재 해외는 물론 일본과 한국에서도 판매되고 있다.

어떤 방법이든 완전히 Fel d1을 제거할 수 있지는 않기에 알레르기 증상을 0으로 만들기는 어렵다. 그래도 어느 정도 증상 완화는 기대할 수 있지 않을까? 고양이 알레르기가 인간과 고양이의 공존에 장벽이 된다는 사실은 틀림없다. 어떤 것이든 고양이 알레르기를 줄일 수 있다면 고양이를 반려할 수 있는 사람이 늘어난다. 이를 통해 갈 곳 없는 고양이가 한 마리라도 더 많이 행복해지기를 바란다.

'구부정 앉기'는 관절염 통증을 피하기 위한 고육지책

순종 고양이를 키우는 반려인이 늘고 있다. 특히 스코티시 폴드 Scottish Fold 는 현재 일본에서 두 번째로 많이 키우는 순종 고양이다. 스코티시 폴드가 인기 있는 이유는 귀가 접혀 얼굴이 동그랗게 보이는 '외모'와 이른바 아저씨처럼 앉는 자세인 '구부정 앉기 スコ座り' 등의 '몸짓' 때문이라고 생각한다.

그러나 스코티시 폴드의 '귀여움' 이면에는 그들이 '어떤 병'으로 힘들어하고 있다는 사실을 아는가?

그 병의 이름은 '골연골 이형성증 Scottish Fold Osteochondrodysplasia, SFOCD'으로 간단히 말하자면 돌연변이로 연골이 딱딱해지는 병이다. 사실 인기 있는 접힌 귀도 귓바퀴 연골이 딱딱하게 굳어진 탓이다. 그리고 이 연골 이상이 발의 관절 연골에서도 일어남에 따라 관절염을 일으킨다. 따라서 귀가 접힌 스코티시 폴드는 반드시 관절염을 앓기 때문에 항상 몸 마디마디마다 통증을 느끼는 상태인 셈이다. '구부정 앉기'도 관절에 체중이 실리지 않도록 스코티시 폴드가 고안해 낸 고육지책인 것이다.

이러한 관절염에서 스코티시 폴드를 해방시키기 위해 현재 몇 가지 연구가 진행되고 있다. 예를 들어, 일본에서는 암 치료에 사용되는 방사선 치료가 스코티시 폴드의 관절염 통증을 완화할 가능성을 보고했다. 3마리라는 적은 증례 보고이기는 하지만 모든 고양이가 증상 완화를 보였다고 한다.

현재 치료의 핵심인 진통제는 장기 사용으로 인한 부작용이 염려되는 점도 있어 새로운 치료법을 기다리는 반려인이 적지 않다. 증례 수의 비축과 더욱 장기간의 사후 관리로 유효성이 증명된다면 치료의 새로운 선택지가 될지도 모른다. 또한 해외에서는 관절염의 원인으로 추정되는 'TRPV4 유전자 변이'가 파악되었고 병태 해명이나 신규 치료의 모색 또한 이어지고 있다.

이미 스코티시 폴드와 함께 사는 반려인이라면 일단 관절에

부담이 가지 않도록 고양이를 배려하자. 살찌우지 말고, 높은 곳으로 올라갈 때 한 계단씩 디딜 곳을 마련해주고, 쿠션감 있고 미끄러지지 않는 바닥을 마련해주는 등 평소 돌봄이 중요하다.

스코티시 폴드를 맞이한 반려인을 비난하고 싶은 게 절대 아니다. 치료법 확립도 중요하지만 무엇보다 중요한 점은 통증으로 고통받는 스코티시 폴드의 수를 더는 늘리지 않는 것이다. "구부정하게 앉은 모습이 귀여워!"라고 계속 말한다면 접힌 귀 스코티시 폴드의 번식은 없어지지 않는다. 모든 스코티시 폴드가 항상 통증과 싸운다는 사실을 한 사람이라도 더 많이 알았으면 좋겠다.

만일을 위해 꼭 알아두어야 할 고양이의 혈액형

여러분은 반려묘의 혈액형을 알고 있는가? '그러고 보니 우리 고양이 혈액형이 뭐였지?' 싶은 반려인도 많지 않을까? 사실, 고양이 혈액형은 만에 하나를 위해 반려인이 꼭 알아두어야 할 사항 중 하나이다.

인간의 혈액형은 A형, B형, O형, AB형 4종류지만, 고양이의 혈액형은 A형, B형, AB형 3종류로 O형은 존재하지 않는다. 게다가 고양이의 혈액형 비율은 극단적이라 80~90%가 A형, 나머지 10~20%는 B형으로 AB형 고양이는 매우 드물다. 또 품종에 따라 약간의 편차가 있는데 예를 들어, 아메리칸 쇼트헤어American shorthair나 러시안 블루Russian Blue는 거의 100%가 A형이고, 브리티시 쇼트헤어 등은 B형 비율이 비교적 많은 품종이라고 한다.

이러한 극단적인 혈액형의 편차가 때로는 치료의 어려움으로 이어지는 일도 있다. 예를 들어, 병이나 수술 등으로 대량의 혈액이 필요할 때는 고양이도 수혈이 필요하다. A형이라면 비교적 쉽게 공여자 고양이를 찾을 수 있지만 B형은 그리 쉽지 않다. B형 고양이는 약 10%밖에 되지 않기에 혈액을 나누어 줄 고양이를 찾는 일이 정말로 힘들다.

또한 개는 덩치가 큰 대형견이 있어 한 번에 많은 혈액을 받을 수도 있지만 고양이는 대부분 고작 5~6kg 정도이다. 출혈이 많을 때는 며칠에 걸쳐 여러 번 수혈하는 일도 적지 않아 B형 고양이 한 마리로는 혈액이 부족할 때도 있다.

심지어 B형 고양이에게 A형 혈액을 잘못 수혈하면 매우 강한 거부반응을 일으켜 목숨을 잃을 수도 있기에 응급처치로 B형 이외의 혈액을 수혈하는 일은 절대 허용되지 않는다.

수혈이 필요한 때가 되어서야 내 고양이가 B형이라는 사실을 안다면 공

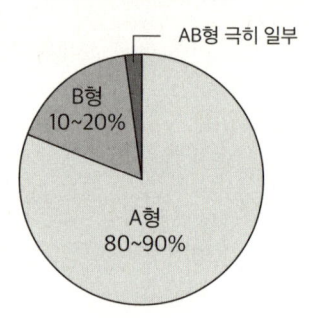

고양이의 혈액형 비율

※ O형은 존재하지 않는다

혈묘를 찾는 동안에도 병이 계속 진행되어 때에 따라서는 손 쓰기가 늦는 경우도 있다. 혈액형은 동물병원에서 검사할 수 있으니 건강 검진을 받거나 할 때 함께 검사해두기를 추천하니 담당 수의사에게 의논해보자.

반려묘가 B형이라면 위급할 때를 위해 부탁할 수 있는 다른 B형 고양이들을 찾아두자. 우연히 B형 고양이가 가까운 곳에 있다는 사실을 알게 되어 무사했지만, 이전에 알고 지내던 고양이가 B형이라 수혈용 혈액을 찾을 수 없어 무척 고생한 경험이 있다. 참고로 우리 냥짱도 그때 검사를 했고 다수파인 A형이었다.

새끼를 보고 싶을 때도 주의가 필요하다. B형 어미 고양이의 초유를 A형 새끼가 먹으면 새끼 고양이의 적혈구가 파괴될 위험이 있기에 미리 어미 고양이의 혈액형을 알아둘 필요가 있다.

안타깝게도 현재의 수의료에서는 고양이가 충분히 수혈받을 수 있는 체제가 아직 마련되어 있지 않다. 이러한 현실을 타파하기 위해 2018년 주오 대학 Chuo University 이 '고양이 인공혈액'을 개발했다고 발표했다. 이 인공혈액은 일본 우주항공연구개발기구 Japan Aerospace eXploration Agency, JAXA 와의 공동 연구로 무려 일본의 우주정거장 '기보希望, 희망'에서의 실험을 바탕으로 만들어졌다.

무중력 공간에서는 단백질의 고품질 결정을 만들 수 있음을 이용해 고양이의 알부민(혈중 단백질) 구조를 해석했고, 이 해석

데이터를 근거로 고양이의 알부민으로 산소를 운반하는 헤모글로빈을 포함한 인공혈액 '헤모액트^{HemoAct}-FTM'을 만들어낸 것이다. 이 헤모액트^{HemoAct}-FTM에는 혈액형이 없기에 어떤 혈액형의 고양이라도 수혈받을 수 있다. 또한 바이러스 감염의 위험도 없다. 5년 이내에 상용화를 목표로 하고 있다니 가까운 미래에는 고양이용 인공혈액이 모든 동물병원에 준비되어 있을지도 모른다. 향후 진보를 기대하자!

 고양이도 주로 쓰는 발이 있다!?

실은 고양이에게도 인간의 손과 마찬가지로 주로 사용하는 발이 있다는 사실을 알고 있는가? 우리 인간은 대부분 오른손잡이로 왼손잡이는 소수다. 하지만 아무래도 고양이는 오른발잡이, 왼발잡이 비율이 인간과는 전혀 다른 듯하다.

44마리의 고양이를 대상으로 주로 사용하는 발에 관해 조사한 한 연구에서는 밥을 먹을 때나 계단을 내려갈 때, 물건을 뛰어넘을 때 등에 고양이가 어느 쪽 발을 자주 사용하는지 3개월 동안 관찰했다. 그 결과 약 60~70%의 고양이에게 자주 쓰는 발이 있다는 사실을 알게 되었다. 나아가 자주 쓰는 발이 있는 고양이를 자세히 조사하니 수컷 고양이는 왼발잡이, 암컷 고양이는 오른발잡이가 많다는 사실도 알았다.

고양이에게도 자주 쓰는 발이 존재하고 성별 등에 따른 차이도 있는 듯하지만 인간처럼 '대부분 오른손잡이' 같은 극단적인 편중은 없는 듯하다. 특히 4분의 1 이상의 고양이가 자주 쓰는 발이 정해져 있지 않은 '양발잡이'라는 사실도 흥미롭다.

최근에는 고양이가 자주 쓰는 발로 고양이의 성격을 예측하려는 시도도 이루어지고 있다. 한 연구에 따르면 양발잡이 고양이는 수줍음을 많이 타고 신경질적인 경향이 있는 것으로 나타났다. 한편, 자주 쓰는 발이 정해져 있는 고양이는 활발하고 사람을 잘 따르는 경향이 있었다고 한다.

고양이의 품종마다 자주 쓰는 손의 편차도 크게 나타난다고 한다. 예를 들어, 벵갈Bengal은 80% 이상이 왼발잡이였다고 한다. 왼발잡이 고양이는 그 신경 지배를 통해 우뇌를 잘 사용하리라고 생각할 수 있는데, 다른 동물 연구에서 우뇌는 공격성과 관련이 있다는 사실을 밝혀냈다. 따라서 왼발잡이인 벵갈 대부분이 활발하고 야성미 넘치는 기질을 가지고 있는지도 모른다. 이처럼 고양이가 자주 사용하는 발로 성격을 알 수 있게 된다면 보호 시설의 환경 정비 등에 도움이 되어 고양이 복지의 향상으로 이어질 것으로 기대된다.

이런 이야기를 들으면 내 고양이는 어떤 발을 주로 사용하는지 신경이 쓰이기 마련이다. 고양이가 자주 쓰는 발을 알아볼 수 있는 가장 정확한 방법은 '먹이 퍼즐'에 간식을 넣어 어떤 발로 간식을 꺼내는지 관찰하는 것이다. 앞서 소개한 연구에서는 이 실험을 50회 반복하여 자주 쓰는 발을 조사했다. 또한 계단을 내려갈 때나 화장실에 들어갈 때 첫발을 어느 발로 디디는지 등으로도 어떤 발을 주로 사용하는지 알 수 있다고 한다. 한두 번 관찰로는 정확히 판단하기 어려우니 며칠간 관찰하는 편이 좋다.

참고로 우리 집 냥짱은 왼손잡이다. 수컷이므로 다수파다. 공격적이라든가 와일드하다는 말과는 무관한 외로움을 잘 타는 먹보이지만(웃음). 무슨 발을 주로 쓰는지로 고양이의 성격을 예측하기란 아직 조금 어려울지도 모르니 향후 연구를 기대해보자!

'배변 후 우다다'는 고양이의 가장 큰 수수께끼 중 하나

볼일을 본 후 흥분해서 뛰어다니는 이른바 '배변 후 우다다'는 고양이의 행동 중에서도 가장 수수께끼에 둘러싸여 있는 행동이다. 원래 안정된 상태에서 갑자기 스위치가 켜진 듯 흥분하거나 뛰어다니는 행동을 유럽과 미국 등에서는 '줌미 Zoomie'라고 부르는데, 고양이나 개에게 일반적으로 관찰되는 정상적인 행동이라고 한다. '배변 후 우다다'도 줌미의 하나로 배뇨나 배변의 자극이 스위치가 되는 셈이다.

그렇다면 왜 볼일을 본 후 이처럼 갑자기 흥분하는 것일까? '천적에게서 빠르게 도망치기 위해' '변 냄새를 빨리 없애기 위해' 등 다양한 설이 있지만, 진실이 무엇인지는 알 수 없다.

'배변 후 우다다'를 포함한 줌미는 아기 고양이나 청소년 고양이에게서 특히 관찰하기 쉽다고 한다. 기본적으로는 정상적인 행동이니 '우리 집 고양이가 이상한 건가?' 하고 걱정할 필요는 없다. 다만 고령의 고양이가 갑자기 흥분하여 밤에 잠들지 못하거나, 체중이 줄거나, 식욕이 이상하리만치 많아질 때면 '갑상선 기능 항진증 Hyperthyroidism'의 가능성이 있으니 담당 수의사에게 의논하는 편이 좋다.

변비나 방광염 등 배변 중에 불쾌감을 느낄 만한 질병이 있을 때도 볼일을 본 후에 '배변 후 우다다'처럼 흥분하기도 한다. 대변이나 소변 누는 걸 힘들어하거나 배설물에 피가 섞여 있지 않은지 확인하자. 신경 쓰이는 일이 있으면 수의사와 상담한다.

 고양이도 꿈을 꿀까?

갑작스럽지만 '네코ねこ, 일본어로 고양이'라는 이름의 유래를 아는가? 일설에 의하면 '자는 아이寝ている子'에서 온 게 아닐까 추측되고 있는데, 이에 걸맞게 고양이는 정말 잘 잔다. 하루 중 수면 시간이 14~15시간 이상이라고도 하는데, 이는 야생 시절 사냥에 대

비하여 체력을 아끼려는 습성이 아닐까 추정되지만 자고 있어도 알아서 밥이 나오는 현대의 고양이들은 무엇을 위해 자는 걸까(웃음)? 너무 자는 거 아니냐고 나도 모르게 말하고 싶어지지만 자는 고양이의 얼굴을 보는 것은 반려인의 즐거움 중 하나이자 무척 위안이 되는 모습이니 반려인이 널리 이해해주기로 하자.

자고 있는 고양이를 바라보고 있으면 이따금 수염이나 뽕주둥이(휘스커 패드)가 움찔움찔하거나 발바닥을 부르르 떠는 모습을 발견한 적은 없는가? 언뜻 보면 경련 발작처럼 보이기도 해서 "괜찮을까요?" 하며 의논하려는 반려인도 있지만, 실은 아마도 꿈을 꾸는 중일 것이다. 특히 옆으로 누워 몸을 둥글게 말고 잘 때는 '렘 수면 REM sleep'이라고 해서 뇌가 활발히 움직이는 얕은 잠을 자는 상태이다. 인간도 주로 렘 수면일 때 꿈을 꾸듯 고양이 역시 누워서 잘 때 꿈을 꾸는 것이다. 대체 어떤 꿈을 꾸는지 무척 궁금하다. '장난감으로 놀거나 뛰어다니는 걸까?' 하고 상상해보지만 이것만큼은 고양이밖에 모를 일이다(웃음).

의외로 고양이가 엎드려 잘 때나 식빵을 구우며 잘 때가 뇌를 쉬게 하는 깊은 잠인 '논렘 수면 NREM-sleep' 중이라고 한다. 언뜻 반대인 것 같지만 야생의 고양이는 항상 위험과 맞닿아 살았기 때문에 금세 움직일 수 있는 자세로 뇌를 쉬게 했다는 의미에서는 편리했던 행동일지도 모른다.

인간의 경우 수면 사이클이나 체내 시계의 고장이 다양한 질병을 초래한다고 한다. 한편 고양이의 수면 사이클이나 체내 시계에 관해서는 거의 연구가 이루어지지 않아 질병과의 연관성은 아직 밝혀지지 않았지만, 가능한 한 고양이의 페이스를 흩트리지 않는 편이 좋다는 사실은 틀림없다. 특히 고양이는 낮 시간에 활동하는 인간과 달리 박명박모성^{Crepuscular, 동물이 황혼 또는 여명에 활동하는 성질}이니 낮 동안 잠에 빠진 고양이의 시간은 가만히 내버려 두자.

[논렘수면]   [렘수면]

 창밖에 있는 새를 향해 "깍깍깍깍…"은 울음소리 흉내?

창밖의 새를 향해 고양이가 주둥이를 빠르게 움직이며 "깍깍깍깍…" 하고 우는 모습을 본 적이 있는가? 이는 '채터링^{Chattering}'이라고 불리는 행위이다. '고양이가 눈앞에 있는 사냥감을 잡을 수 없어 아쉬운 마음을 드러내는 행동이 아닐까?'로 자주 설명되었는데, 최근 연구에 따르면 '고양이 나름대로 새소리를 흉내

내는 것이 아닐까?'라는 설이 유력해지고 있다.

왜냐하면 아마존에 사는 고양잇과 포유류 마게이^{Margay}라는 동물을 관찰하던 연구자가 "깍깍깍…" 하며 사냥감인 새끼 원숭이의 울음소리를 흉내 내며 유인하는 마게이의 행동을 우연히 발견한 것이다. 그들은 고양잇과 동물이 사냥감의 울음소리를 흉내 내어 사냥에 유리하게 하려던 것이라고 추정하고 있다.

현대의 고양이가 채터링을 하는 이유는 야생 시절의 습성 때문인지도 모른다. 창밖의 새뿐 아니라 장난감으로 놀 때도 채터링을 하는 고양이가 있다니, 역시 사냥과 관련 있는 동작이라는 점은 분명한 듯하다. 참고로 우리 냥짱은 채터링을 하는 모습을 한 번도 본 적이 없는데 이미 야성을 잃어버린 모양이다.

 고양이에게 반려인은 '어미 고양이' 같은 존재

'고양이는 나를 어떻게 생각할까?' 고양이와 사는 모든 반려인이라면 한 번쯤은 생각해본 적 있는 의문일 것이다. 왠지 고양이가 인간을 조금 깔보는 듯 느끼는 반려인도 많아서인지 "고양이는 반려인을 덜떨어진 고양이라고 생각해 우습게 본다" 같은 설까지 있을 정도이니(웃음). 실제로 고양이는 반려인을 어떻게 생각할까? 우리 반려인은 역시 고양이도 인정하는 '집사'인 것일까?

확실히 고양이는 개와 달리 무리 지어 살지 않는 고고한 사냥꾼이므로 혼자 있기를 즐기며 약간은 까칠한 이미지가 있는지도 모른다. 그러나 최근 연구에서 고양이가 반려인에게 깊은 애정을 느끼고 있음이 밝혀졌다.

2017년 연구에서는 고양이에게 4가지 자극(밥, 장난감, 냄새, 인간과의 교류)을 동시에 주었을 때 무엇을 가장 선호하는지 조사했다. 그 결과 38마리의 고양이 중 딱 절반인 19마리의 고양이가 대부분 시간을 인간과의 교류로 보냈다고 한다. 많은 고양이가 밥이나 장난감보다 반려인을 가장 좋아한 것이다.

또 다른 연구에서는 낯선 방에 고양이를 잠시 혼자 둔 후 반려인이 방으로 들어왔을 때 고양이의 반응을 알아보았다. 그 결과 실험에 참여한 고양이 중 약 3분의 2가 반려인의 곁으로 바로 다가온 후 방안을 탐색한 다음 다시 반려인의 곁으로 가는 행동을 보였다고 한다. 이는 낯설고 불안한 환경에서 고양이가 반려인을 의지하고 있음을 나타낸다. 이처럼 고양이는 반려인을 사랑하기 때문에 절대로 깔보거나 무시하고 있지 않다.

그렇다면 고양이는 반려인을 어떤 존재로 받아들이고 있는 것일까? 동물행동학 분야에서 저명한 연구자로 통하는 영국의 동물학자 존 브래드쇼 John Bradshaw 박사는 "고양이는 인간을 특별한 존재라고 받아들이지 않고, 동족인 '고양이'로 인식하는 것이 아닐까?"라고 말했다. 왜냐하면 개는 개끼리 놀 때와 인간과 놀 때 전혀 다르게 논다. 한편 고양이는 인간에게만 보이는 특별한 행동이 아직 관찰되고 있지 않다.

　브래드쇼 박사의 말대로 고양이가 '인간에게만' 보이는 특별한 행동은 없다. 그러나 고양이는 인간에게 고양이끼리의 커뮤니케이션 때와 확실히 다른 행동을 보인다는 사실을 알 수 있다.

　왜냐하면 고양이는 "야옹" 하고 울면서 반려인에게 보채거나 응석을 부린다. 이는 언뜻 보면 고양이 본래의 커뮤니케이션 방법처럼 느껴지지만, 성묘끼리는 주로 페로몬 등의 냄새를 사용하여 커뮤니케이션하는 게 일반적이고 "야옹" 하고 소리를 내는 일은 거의 없다고 한다. 고양이가 "야옹" 하고 울 때는 새끼가 어미에게 보채거나 응석을 부릴 때뿐이다. 이는 고양이 울음소리를 자세히 분석한 연구 결과에서도 뒷받침되고 있다.

　현대 고양이의 목소리는 아프리카 야생 고양이와 비교했을 때 '높고 짧은 소리'를 내어 더욱더 새끼 고양이에 가까운 목소리라고 한다. 즉 반려묘는 새끼 때 울던 "야옹" 소리를 사용해 우리 인간에게 말을 거는 것이다. 이러한 사실로 보면 고양이는 반려인을 어미 고양이 같은 존재로 인식하는 것이 아닐까?

　또한 컴퓨터 혹은 노트북으로 일을 하거나 책상 위에서 노트나 책 등을 펼치거나 하면 방해하는 것도 고양이가 반려인을 어미로 인식한다고 생각하면 수긍이 간다. 아기 고양이는 호기심이 왕성해 늘 어미의 관심을 끌고 싶은 마음을 지니는데, 그러한

마음과 닮은 감정을 반려인에게도 품고 있기에 "내게 관심을 보여 줘!" "지금 나를 봐줘!" 하고 방해하는 것이다.

고양이는 어느 정도 자라면 어미가 새끼를 위협하여 어미로부터 독립시킨다. 그러나 반려인은 고양이를 독립시킬 필요가 전혀 없다. 그러니 커다란 어미 고양이가 되어 평생 사랑해주자.

 고양이가 주는 '애정 표현'을 체크하자

어미 고양이 같은 존재인 반려인에게 많은 고양이가 "사랑한다냥!" 하며 열심히 애정 표현을 한다. 당신은 눈치채고 있었는가? 이제 반려묘가 보내는 애정 표현 몇 가지를 소개하겠다.

얼굴을 문지르거나 머리를 쿵 부딪친다

고양이는 페로몬을 상대방에게 묻힘으로써 가족의 일원으로 마킹한다고 한다. 페로몬은 얼굴 주변에서 분비되기 때문에 고양이가 얼굴이나 머리를 문지르는 행동Head bunting에는 "당신은 내 가족이야!"라는 의미가 있다고 한다.

그루밍을 해준다

고양이끼리 서로 그루밍을 해주는 행위를 '알로 그루밍Allogrooming'이라고 한다. 알로 그루밍은 신뢰 관계가 있는 사이에서만

행하는 애정 표현이다. 이따금 반려인을 핥아주는 경우도 있는데, 이 역시 고양이 나름의 애정 표현인 셈이다.

배를 보여주며 벌러덩 눕는다

고양이가 벌러덩 누워 배를 보여주면 "내 배를 쓰다듬으라옹~" 하는 것으로 오해하기 쉽지만 이는 잘못 생각한 경우가 많다. 고양이에게 배는 이른바 급소다. 즉 "이렇게 무방비한 모습으로 편히 쉴 정도로 집사를 믿는다옹" 하는 의미이지 절대로 배를 만져달라는 사인이 아니다. 대부분 고양이는 배를 만지면 싫어하니 삼가도록 하자.

꼬리를 똑바로 세우고 다가온다

고양이의 마음을 읽고 싶다면 꼬리의 움직임도 유심히 관찰해보자. 반려인이 귀가했을 때 고양이가 꼬리를 꼿꼿이 세우고 다가와 맞이하는가? 꼬리를 꼿꼿이 세우는 행동은 "보고 싶었다고!"라는 사인이라고 한다. 그 외에도 천천히 꼬리를 탁탁 하고 움직일 때도 지금 편안함을 느끼거나 기분이 좋다는 증거이다.

앞발로 꾹꾹이한다

고양이 꾹꾹이는 새끼 고양이가 어미 고양이의 유선을 자극해 젖을 잘 나오게 하려는 행동으로, 성묘가 되어도 그러한 습관이 남아 꾹꾹이를 하는 고양이가 있다. 특히 편안한 기분일 때 담요나 쿠션에 꾹꾹이를 하는 예가 많은데, 그중에는 반려인의 배 위에서 꾹꾹이를 하는 고양이도 있다. 고양이에게 신뢰받고 있는 증거이니 조용히 지켜보도록 하자. 참고로 영어로는 '비스킷을 만들다Making biscuits'라는 말도 안 되게 귀여운 이름이 붙어 있다.

한편 일본에서는 SNS 등에서 '빵 장인'이나 '우동 장인'으로 비유되고는 한다. '반죽을 주무른다'라는 의미에 더해 '아침 일찍부터 활동하기 시작해 반려인을 수면 부족에 빠뜨린다'라는 의미까지 포함되어 있어 개인적으로는 이 이름을 더 좋아한다. 수많은 반려인이 '이른 아침부터 활동하는 반죽 장인' 덕에 골머리를 앓고 있을 테니까(웃음).

골골송을 부른다

골골송을 부르는 행동도 고양이가 기분이 좋거나 반려인에게 애정을 느끼고 있음을 알리는 표현이라고 한다. 그러나 이 골골송이 언제나 기분이 좋다는 사인은 아니다. "몸이 좋지 않다냥" 할 때도 고양이는 목을 골골 울린다. 반려인에게 도움을 요청하거나 스스로 진정하려는 의미가 있다고 하니, 고양이가 골골송을 부를 때는 평소와 다른 점이 없는지 주의 깊게 살펴보자.

눈을 천천히 깜박인다

'천천히 눈을 깜빡이는 행동'도 빼놓을 수 없는 고양이의 애정 표현이다. 최신 연구에서 반려인이 천천히 눈을 깜빡이면 고양이도 답례로 눈을 깜빡인다는 점을 알게 되었다. 또 처음 보는 사람이 천천히 눈을 깜빡인 후에 손을 뻗으면 고양이가 가까이 다가오는 경우가 많아졌다고 한다.

그러나 다른 연구에 따르면 고양이가 천천히 눈을 깜박이는 것은 "빤히 쳐다보지 말라옹!" "무섭다고!" 하는 공포의 사인일 가능성도 있다고 한다. 이 연구가 보호 시설에 있는 고양이를 대상으로 한 연구였다는 점도 영향이 있는지도 모른다. 또 빤히 눈을 마주 보는 것은 고양이 세계에서는 싸움을 거는 신호라 고양이를 긴장시킬 수도 있으니 주의가 필요하다.

고양이의 행동과 그때의 심리는 모두 일대일 관계가 아니라 고양이가 놓인 상황이나 눈앞에 있는 사람과의 관계성으로 의미가 달라질 때도 있으니 집사라면 주의 깊게 관찰해보자.

 욕실이나 화장실에 따라오는 것은 순찰?

욕실이나 화장실에 갔을 때 고양이가 살펴보러 따라오거나 문밖에서 기다리고 있던 경험은 없는가? 냥토스네에서도 화장실 앞에서 냥짱이 "문 열어!" 하며 야옹야옹 울기 때문에 어쩔 수 없이 안으로 들여주는 일이 자주 있다.

'제3장 생활 습관(109쪽 참조)'에서 언급했듯 고양이는 영역을 소중히 여기는 동물이므로 그들에게 집안은 자신의 영역이다. 물론 욕실이나 화장실도 그 일부인데, 거실 등과 비교했을 때 자유롭게 드나들 수 없는 경우가 많기 마련이다.

그래서 욕실이나 화장실은 고양이에게 '자신의 영역 안에 있지만 약간은 알 수 없는 장소'라고 인식되는 것은 아닐까 하고 상상한다. 고양이에게는 자신의 영역을 제대로 확인하고 싶은 욕구가 있기에 순찰의 일환인지도 모른다. '숨어서 밥을 먹거나 다른 고양이와 친하게 지내지는 않나?'라든가 '나를 영역에서 쫓아내다니, 무얼 하는 거냐!'라고 생각해도 이상하지 않다.

최근에는 고양이를 완전히 실내에서만 키우는 경우가 많아 반려인과의 거리가 가까워짐에 따라 반려인을 매우 사랑하는 고양이도 늘었다. 응석꾸러기 고양이라면 "욕실이나 화장실에 있는 짧은 시간도 집사와 떨어져 있기 싫어!"라는 심리가 작용하고 있을 가능성도 있다. 특히 우리 냥짱처럼 화장실이나 욕실 앞에서 극단적으로 우는 고양이라면 그럴 가능성이 클 듯하다.

또한 반려인이 샤워하고 나오면 고양이가 바싹 다가와 얼굴이나 머리를 문지르는 경우도 있는데, 이는 "외로웠다냥" 혹은 "보고 싶었다냥" 하는 감정 표현일지도 모른다.

우리 냥짱은 내가 씻고 나오면 내 몸을 타고 오르기에 '목욕 후 따끈따끈해진 집사를 그저 난로 대신 사용하는 거 아닐까?' 하는 의문도 냥토스네에서는 떠오르고 있다(웃음). 물론 흔히 말하는 '샤워로 씻겨나간 자신의 냄새를 다시 묻히기 위해서'라는 말도 일리는 있지 않을까?

방금 먹었는데도 몇 번이고 밥을 달라고 재촉하는 이유는?

방금 밥을 먹었는데도 몇 번이고 "밥 줘!" 하고 재촉하는 고양이를 보며 '내 고양이의 식욕은 끝이 없구나'라고 고민하는 반려인이 많은 모양이다.

고양이의 습성을 생각하면 배가 고프기 때문일 뿐만 아니라 반려인이 밥을 주는 행위에 기쁨을 느끼고 있기 때문일 수도 있다. 고양이에게는 수렵 본능이 있어 '사냥감을 잡는다'라는 체험에 기쁨을 느끼는 동물이다. 현대의 고양이에게는 반려인의 마음을 사냥하여 밥을 받는 것이 '사냥 성공'인 셈이다. 물론 먹보 고양이라면 그저 배가 고프기 때문일지도 모른다.

아직도 배가 고프냐며 고양이에게 제한 없이 밥을 주면 비만의 원인이 되니 하루 정량을 여러 번 나누어 자주 먹게 하자.

놀이 시간을 늘리는 것도 효과적이다. 예를 들어, 넓은 방에서 건사료를 조금씩 멀리 던지는 놀이는 사냥과 비슷하기 때문에 좋아하는 고양이가 많다. 또한 간식볼이나 먹이 퍼즐 등을 사용하는 것도 추천한다.

고양이 행동의 수수께끼는 무한대!?

그 외에도 고양이와 살다 보면 '대체 왜…?'라고 생각할 수밖에 없는 이상한 행동을 자주 마주하게 된다. 그 이면에 어떤 의도가 숨겨져 있는지 아직 알지 못하는 것이 많다. 이유에 관해서도 다양한 설이 있지만, 인간이 수긍할 만한 이유로 끼워 맞춘 것도 많기에 결국 진실은 고양이만 아는 법이다.

하지만 이 또한 고양이의 매력 중 하나로, 수수께끼로 가득 찬 신비로운 점이라 많은 사람을 매료시키는 것 같다. 아직 해명되지 않은 고양이 행동의 수수께끼에 관해 조금 더 이야기해 보자.

반려인의 옷 위에서 자는 수수께끼

이건 수많은 반려인이 이미 경험한 것인지도 모른다. 냥토스가에서도 방심하면 갓 벗어놓은 따끈따끈한 잠옷 위를 냥짱에게 점령당한다.

인간이 상상하는 것 이상으로 고양이는 냄새에서 많은 애정을 받아들이는 듯하다. 예를 들어, 야생 고양이는 안전한 장소나 잠자리를 다른 고양이에게 빼앗기지 않도록 영역 경계선을 서로의 냄새로 알렸다. 반대로 가족의 냄새가 나면 '여기는 안전한 장소다' 하며 마음을 놓았다. 이러한 고양이의 습성을 생각하면 가족인 반려인의 냄새가 나는 옷을 가장 안전하고 쾌적하다고 느끼고 있는지도 모른다. 그저 단순히 갓 벗은 옷의 포근함이 다른 장소보다 따뜻하기 때문에, 라는 설도 버릴 수는 없지만(웃음).

꼬리 쪽 궁둥이를 두드리면 허리를 치켜드는 수수께끼

꼬리가 시작되는 부분이나 엉덩이를 팡팡 부드럽게 두드리면 허리를 치켜들며 "더 하라옹!" 하는 듯한 몸짓을 보인다. 이러한 행동의 이유에도 여러 설이 있는데 '생식기로 통하는 신경이 많아 성적인 자극을 느끼기 때문'이나 '꼬리가 시작되는 부분은 페로몬을 분비하는 장소이기 때문에' 등이 있다.

진실은 알 수 없지만 냥토스는 후자의 설이 정설에 가깝지 않을까 생각하고 있다.

고양이는 볼, 이마, 턱 등 페로몬을 분비하는 부위를 쓰다듬으면 좋아한다. 고양이끼리 커뮤니케이션할 때는 이러한 부위를 문지르거나 접촉함으로써 서로의 친목을 깊게 다진다. 반려인에게 쓰다듬어졌을 때 기분이 좋다고 느끼는 이유도 반려인과 냄새로 커뮤니케이션을 했다고 생각해 기뻐하는 것은 아닐까?

페로몬은 얼굴 주위 이외에 꼬리 밑부분에서도 분비되기에 궁둥이를 툭툭 치면 허리를 올리는 것도 비슷한 이유라 생각된다.

쓰다듬으면 갑자기 무는 수수께끼

얼굴 주변이나 허리를 쓰다듬으면 기분 좋은 골골송을 부른다. 그 모습을 보며 위로받고 있는데 갑자기 '앙!' 하고 덥석 문다. '조금 전까지만 해도 기분이 좋았을 텐데 왜?' 싶은 이러한 경험은 고양이와 함께하는 반려인이라면 누구나 있을 것이다.

이러한 고양이의 행동에는 전문적인 이름이 붙어 있는데 바로 '애무 유발성 공격 행동 Petting - evoked aggression'이라고 한다. 왜 갑자기 공격으로 전환하는지 그때의 고양이 심리는 알 수 없지만, 아마도 "너무 많이 쓰다듬었어!" 혹은 "쓰다듬어 주었으면 하는 곳은 거기가 아니야!"라는 고양이 나름의 충고일 듯하다.

귀를 바깥으로 젖히는 이른바 '마징가 귀'나 꼬리를 빠르게 탁탁 치기 시작했다면 고양이가 짜증이 났다는 사인이다. 이러한 타이밍을 잘 파악해 고양이 마스터를 목표로 해보자!

아무것도 없는 곳을 쳐다보는 수수께끼

반려묘가 아무것도 없는 장소를 가만히 쳐다보는 일은 자주 있다. '설마 영적인 것이 보이는 건가?' 하고 생각할 수 있지만 이는 아마도 인간의 귀에는 들리지 않는 '소리'를 듣고 그 방향을 보고 있었을 뿐이라고 생각한다. 고양이의 청각은 인간보다 2옥타브 높아 초음파의 영역까지 듣는다는데, 뭐 그 소리가 영적인 것이 아니라는 보장은 없지만 말이다(웃음).

보호소 수의사들의 알려지지 않은 노력

애묘인이라면 모든 고양이가 건강하고 오래 살기를 바랄 것이다. 최신 연구나 잡다한 주제에서는 조금 벗어나지만, 이 장의 마지막에는 수많은 생명을 구하기 위해 온힘을 다하는 보호소 수의사의 이야기를 하려 한다.

'보호소'나 '동물보호단체'라는 말을 들으면 무엇이 떠오르는가? 아무래도 살처분하는 이미지가 강해 그다지 좋은 인상이 아닐지도 모른다. 특히 그곳에서 일하는 보건소 수의사는 '살처분하는 사람'으로 오해받는 일이 많아 SNS 등에서 '사람의 마음을 갖고 있지 않다' '무얼 위해 수의사가 된 것이냐' 등 비판의 표적이 되는 일도 많다.

냥토스의 대학 동기 중에서도 보건소 수의사로 일하는 친구가 있다. 자주 듣는 이야기 중 목소리를 높여 말하고 싶은 바는 보건소 수의사의 가장 큰 일은 살처분이 아니라 '살처분 하는 동물 수를 0에 가깝게 만드는 것'이라는 사실이다.

보건소는 보호소가 아니므로 안타깝게도 수용된 대부분 동물의 목숨에 기한이 있다. 그러나 그 기한이 당도하기를 마냥 기다리기만 하는 것은 아니다. 보건소의 수의사나 직원들은 매일 필사적으로 입양으로 이어지게 노력하고 있다.

보건소에 수용된 고양이 중에는 사람을 두려워하여 공격적으로 변한 고양이나 애초에 인간과 생활하는 것을 모르는 고양이가 많다. 때로는 인간이 다가오면 구석으로 숨거나 밥을 먹지 못하기도 한다. 이러한 고양이들은 '입양 적성 없음'으로 판단되어 살처분 대상이 되기도 한다. 이를 어떻게든 피하려고 수의사와 직원들은 매일 고양이에게 말을 걸고 간식을 주며 사람에게 익숙해지도록 하기 위해 헤아릴 수 없는 노력을 하고 있다.

보건소에는 다친 고양이나 더위나 추위로 쓰러진 고양이가 수용되기도 한다. 그럴 때는 수의사로서 치료하기도 한다. 또한 입양 이벤트를 열거나 구조 고양이를 올바르게 기르는 법을 알리기 위한 활동 등을 하는 지자체도 있다.

이러한 보호소 수의사와 직원들의 노력 덕에 일본의 고양이 살처분 수는 1989년에는 32만 마리였던 것이 2018년에는 무려 10분의 1인 3만 마리까지 감소할 수 있었다.

 구조된 고양이를 입양하려면?

하지만 아직도 많은 고양이가 살처분되는 게 현실이다. 최근 트위터 팔로워에게 "아직 고양이는 키워보지 않았지만 언젠가 입양할 때를 위해 공부하고 있습니다"라는 코멘트를 받은 적이 있다. 그 메시지가 무척 기뻐 그러한 미래의 반려인들에게 구조된 고양이, 즉 구조묘를 더욱더 알리고 싶다는 마음이 들었다. 앞으로 고양이를 입양하려는 사람은 꼭 선택지의 하나로 구조묘를 생각해보면 어떨까?

구조묘의 큰 특징은 믹스(잡종)인 고양이가 압도적으로 많다는 점이다. 고양이는 정확한 데이터가 없지만 개는 순종보다 믹스가 수명이 더 길다고 한다. 이는 순종이 인위적인 교배로 많은 유전적 질환의 발병 위험이 커졌기 때문이라고 한다.

예를 들어, 일본에서는 최근 인기 있는 아메리칸 쇼트헤어나 스코티시 폴드 등은 비대형 심근병증Hypertrophic Cardiomyopathy이나 다발성낭포신Polycystic Kidney 같은 다양한 질병의 위험이 크다는 사실이 밝혀졌다. 또한 귀가 접힌 스코티시 폴드는 거의 100%의 확률로 관절염이 발병하고 항상 통증과 싸운다고 한다(161쪽 참조). 물론 믹스 고양이도 이러한 질병에 걸리지 않는 것은 아니지만 순종과 비교하면 발병 위험이 낮을 수 있다.

또한 구조묘는 성묘가 많다는 점도 특징이다. 고양이를 기를 때 대부분 사람이 아기 고양이를 먼저 상상할지도 모르지만, 성묘를 가족으로 맞이했을 때 장점도 있다. 성묘는 호기심이 폭발 중인 아기 고양이보다 얌전해 무엇보다 손이 많이 가지 않는다. 또한 성격도 이미 파악된 경우가 많아 자신의 생활에 맞는 고양이를 반려로 맞이할 수 있다. 아기 고양이와의 우당탕탕 반려 라이프도 무척 즐겁지만 그만큼 힘든 일도 많다(49쪽 참조).

성묘는 길이 들까 걱정이라는 의견도 있지만 모든 고양이가 사람을 싫어하는 것은 아니며 처음부터 사람을 좋아하는 '개냥이'도 의외로 많다. 또한 보호소에서는 고양이가 긴장한 상태인 경우도 많기에 집으로 데려오자 애교쟁이가 되었다는 일화도 자주 있는 일이라고 한다.

보호소에서 입양하는 방법

보호소나 동물보호센터에서 고양이를 가족으로 맞이하기 위해서는 우선 거주하는 지자체 홈페이지를 확인해보자. 잘 모르겠다면 '지역 구조 고양이 입양' 등으로 인터넷에 검색해보면(한국에서는 '포인핸드' 검색) 보호소나 동물보호센터 홈페이지가 나올 것이다. 가족을 찾는 고양이 사진과 프로필이 게재되어 있으니 확인해보자. 다만 홈페이지 게재까지 기한이 있는 경우도 많으니 최신 정보는 직접 전화를 걸어 확인해보자.

담당과에 전화하면 입양 조건이나 흐름, 견학 일정 조정 등을 자세히 알려 준다. 입양 조건은 지자체별로 다른데 기본적으로 다음과 같은 조건을 정해 놓은 지자체가 대부분이다.

- 중성화 수술을 반드시 받게 할 것
- 반드시 실내에서만 키울 것
- 반려동물 키우기가 가능한 건물일 것
- 만일 키울 수 없게 되었을 때는 대신 길러줄 사람이 있을 것
- 고양이 입양에 가족 모두의 동의를 받을 것

보호소에서 고양이를 입양한다면 비용이 거의 들지 않는다고 한다. 하지만 위와 같은 조건 때문에 보호소에서 고양이를 입양하는 일이 어렵다고 생각하는 사람이 많다. 그렇지만 이러한 조건은 고양이와 당신이 행복해지기 위한 최소한의 필수 조건임을 명심하면 좋겠다.

구조 단체에서 입양하는 방법

구조묘를 가족으로 맞이하기 위한 선택지로 구조 단체에서 입양하는 방법도 있다. 구조 단체는 보호소나 동물보호센터에서 데려오거나 직접 구조한 고양이들에게 애정을 쏟아 돌보며 새로운 가족을 찾아주는 사람들이 운영하는 곳이다. 최근 살처분을 대폭 줄일 수 있었던 이유는 지자체뿐 아니라 구조 단체의 노력 덕분이기도 하다.

구조 단체에서 입양할 때의 장점으로 임보가 가능한 단체가 많다는 점인데, 이 덕분에 집안 환경이나 기존에 있는 고양이와 입양할 고양이가 잘 맞는지 등을 미리 확인해볼 수 있다. 또한 자원봉사자 등이 오랜 시간 입양을 위해 고양이를 훈련하는 일도 많아 사람 손을 탄 고양이도 제법 된다고 한다.

주의할 점으로는 보호소나 동물보호센터보다 입양 조건이 까다롭다는 것인데 자택 방문이나 연간 수입 규정이 있는 단체도 있다고 한다. 조금 저항감을 느낄 수도 있지만, 애정을 가득 담아 돌본 고양이를 잘 알지 못하는 불안한 곳으로 보내고 싶지 않다는 마음은 이해가 간다. 또한 구조 단체 대부분은 자원봉사로 활동하기 때문에 그동안 고양이에게 사용된 의료비 등은 새로운 반려인이 부담하는 경우가 많다.

'구조묘를 입양한다'라는 선택지는 생각보다 세상에 알려져 있지 않은 듯하다. 구조묘라는 선택지가 더욱더 일반화되어 한 마리라도 더 많은 고양이가 행복한 가정에서 생활하면 좋겠다.

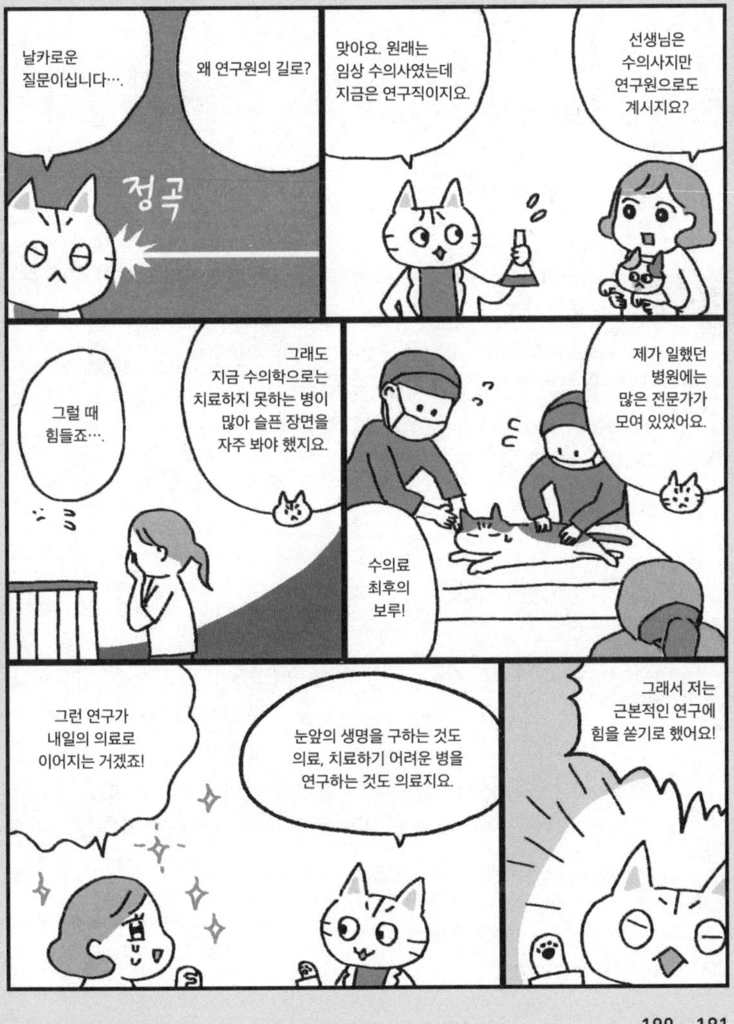

'도저히 손 쓸 수 없는 상황'을 경험하고...

 오키에이코(이하 오) 냥토스 선생님은 수의사이면서 현재는 연구 기관에서 동물들의 병을 치료하기 위한 연구를 하고 계시죠?

 냥토스(이하 냥) 맞아요. 원래는 동물병원에서 실제로 치료를 하는 임상 수의사였는데, 지금은 연구원으로 일하고 있습니다.

 오) 왜 연구원의 길로?

 냥) 제가 처음 일했던 대학병원은 2차 병원이라고 해서 동네 1차 동물병원에서는 치료할 수 없는 질병을 치료하는, 이른바 최후의 보루 같은 곳이었어요. 그곳에는 분야마다 스페셜리스트 수의사가 모여 있었는데, 그래도 고칠 수 없는 질병이 있는 현 상황을 눈앞에서 지켜봐야 했죠. 그러한 상황을 '연구의 힘으로 어떻게든 하고 싶어!'라고 생각하게 된 게 최초의 계기입니다.

 오) 명의가 아무리 온 힘을 기울여도 모든 생명을 구하는 것은 어려운 일이지죠.

 냥) 전날까지 건강했던 강아지가 순식간에 죽기도 해서 반려인의 슬픔도 도저히 가늠하기 힘들었어요. 이 책을 읽으시는 분 중에서도 아픈 이별을 경험하거나 고양이가 한창 투병 중인 분도 있으리라고 생각해요. 그러한 현장 경험을 하는 동안 '그렇다면 낫지 않는다는 병을 근본부터 치유하기 위한 연구를 하고 싶다'라는 생각이 강해졌어요.

오) 반려인뿐 아니라 수의사 선생님의 '목숨을 구하고 싶다'라는 마음에도 보답하는 길이네요.

일본에도 '수의 연계' 시스템을!

오) 실제로 어떤 연구를 하고 계실까요?

냥) 암 연구를 주로 하면서 병으로 괴로워하는 동물들을 더욱더 구하려는 마음으로 애쓰고 있어요. 하지만 일본의 수의료는 인간 의료를 응용하여 시행되는 경우가 일반적이라 신약 등의 도입에는 아무래도 시간이 걸리는 것이 애로사항이지요. 물론 안전성은 담보되겠지만 인간보다는 동물이 더욱 다양한 것을 시험할 장벽이 낮으니 새로운 치료를 먼저 동물로 적극적으로 할 수 있으면 좋겠어요.

오) 인간용 약은 인가되는 데에만 몇 년은 걸린다고 들었어요.

냥) 맞아요. 사실 동물에게 시행한 임상 결과를 바탕으로 인간의 치료에 응용하는 편이 효율적이고 '지금은 이 이상 치료법이 없으니까' 하고 아무것도 시도하지 않은 채 동물이 목숨을 잃는 경우도 줄일 수 있지 않을까요? 미국은 의료와 수의료 연계가 이미 시행되고 있으니 일본도 그러한 시스템은 빨리 따라갔으면 좋겠어요.

오) 그것은 개인적으로 '집사'로서도 부탁드리고 싶네요. 그리고 아직 수많은 개와 고양이가 살처분되는 상황도 어떻게든 되었으면 해요.

 냥) 정말로 그렇죠. 고양이의 병을 고치기 위해 열심히 애써도 한편으로 건강한 고양이가 죽임당하고 있지요. 저의 무력함을 느끼기도 해요. 하지만 수의사이자 연구원으로서 계속 공부하고 연구하면서 수많은 목숨을 구할 수 있도록 힘내려고 해요.

제 5 장

고양이를 더욱 많이 행복하게 하는 Q&A 모음

SNS를 통해 수많은 질문을 받았습니다. 감사합니다!
모든 질문에 답하지 못해 죄송합니다.
냥토스의 답변이 조금이라도 많은 고양이와 반려인의
행복으로 이어지면 좋겠습니다.

> **Q. 01** 집에서 먹이라고 동물병원에서 약을 처방해 주었는데, 먹이는 게 쉽지가 않아요. 약을 잘 먹이는 방법을 알고 싶어요.

 약 유형별로 비결이 있어요!

정말로 많이 받는 질문인데요. 약의 종류도 알약, 가루약 등으로 다양하니 유형별로 약을 먹이는 비결을 살펴보겠습니다.

먼저 알약입니다. 오른손잡이 집사라면 왼손으로 고양이의 위쪽 턱을 잡고 코 끝을 위로 향하게 합니다. 오른손 손가락으로 고양이 입을 벌리고 목구멍 안쪽에 알약을 떨어뜨려주세요(197쪽 그림 참조). 알약을 입안에 넣었다면 고양이의 코를 위로 향하게 한 채 입을 닫고 목을 부드럽게 쓰다듬어 주세요.

약이 위장으로 흘러가지 않고 식도에 붙으면 식도염의 원인이 되니 주사기나 물약병 등으로 5cc 정도 물을 먹이면 더욱 좋습니다. 위턱 송곳니 뒤쪽 틈새에 주사기를 끼워 넣으면 고양이 입이 살짝 벌어지니 조금씩 흘려 먹이세요.

다음으로 가루약입니다. 물 1cc 정도에 가루 약을 녹여 주사기로 먹입니다. 약봉지 안에 물을 넣어 약을 녹이면 약의 손실을 줄일 수 있습니다. 거품이 되어 입에서 새어나오는 등 고양이가 격렬하게 싫어할 때는 캡슐에 넣거나 먹기 쉬운 타입의 다른 약으로 바꿔 달라고 담당 수의사에게 요청해보세요.

간식(츄르)이나 습식사료에 섞어 먹이는 것도 추천할 만한 방법입니다. 다만 츄르 등 간식을 '맛없는 것'으로 고양이가 인식하면 갈수록 투약이 어려워지니 약을 섞지 않은 간식도 평소에 꼭 주어야 합니다. 알약을 갈아 먹일 때는 반드시 수의사에게 그래도 되는지 확인해야 합니다.

고양이가 있는 그대로 약을 먹어준다면 그 이상 고양이에게 스트레스가 적은 방법은 없습니다. 스스로 먹어주지 않더라도 집사가 고양이 입을 벌리고 입천장에 간식에 탄 약을 바르면 먹이기 쉬울 때도 있습니다. 동물병원에서 점도가 높은 투약용 츄르나 간식도 살 수 있으니 문의해보세요.

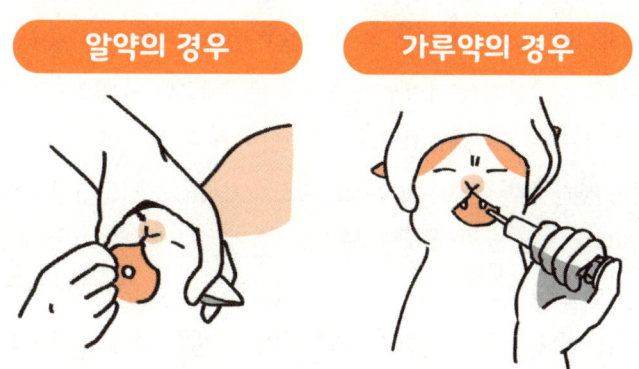

알약의 경우　　　가루약의 경우

> **Q.02** 우리 집 고양이는 동물병원에 데려가면 너무 흥분해서 백신 접종도 정말 힘들었어요. 병원 스트레스를 줄이는 방법이 있으면 가르쳐 주세요.

 진찰에 적절한 이동장이나 망을 활용해보세요!

고양이의 동물병원 방문 스트레스를 줄이려고 할 때 중요한 점은 얼마나 원활하게 고양이가 편안하도록 진찰하느냐에 달려 있습니다. 물론 수의사의 역량에 따른 부분도 크지만, 반려인도 할 수 있는 일이 있습니다. 그중 하나가 어떤 '이동장'을 선택하느냐입니다.

수의사가 진료에 도움이 된다고 생각하는 이동장은 옆쪽뿐만 아니라 위쪽도 열리는 유형입니다. 옆쪽만 열리는 이동장은 싫어하는 고양이를 억지로 끌어내야 하기에 그것만으로도 고양이에게는 큰 스트레스가 됩니다. 고양이가 흥분해 발버둥 치면 처치 시간까지 길어져 더욱 스트레스가 가중되는 악순환이 벌어집니다.

반면 위쪽도 열리는 이동장은 경계하는 고양이도 위에서 수건이나 담요를 덮어 천천히 꺼낼 수 있습니다. 그럼 고양이도 계속 흥분해 있기 어렵습니다.

그래도 병원이 싫어 기어이 흥분하고 마는 고양이는 집에서 세탁망으로 감싸 이동장에 넣는 방법도 있습니다. 진찰도 더욱 원활하게 할 수 있고 고양이의 스트레스도 최소한으로 줄일 수 있을 것입니다.

이동장 안에 고양이가 좋아하는 수건이나 담요를 넣어 두는 것도 좋은 방법입니다. 고양이는 냄새에 민감하므로 자신의 냄새가 묻은 물건을 이동장에 넣어 두면 평상시 집의 환경과 비슷하기에 조금 더 마음을 놓을 수 있습니다. 또한 이동할 때는 이동장 위에 담요나 수건을 덮어 고양이의 시야를 가려주세요.

동물병원에 갈 때 쓰는 이동장에 고양이가 익숙해지게 만드는 일도 중요합니다. 한 연구에 따르면 평소 이동장 훈련을 한 고양이는 동물병원에 갈 때 이동하는 스트레스가 경감되어 진료가 원활했다는 데이터도 있습니다.

그러니 평소 이동장 문을 연 상태로 방구석에 두고 고양이가 안에 들어간 모습을 봤을 때는 간식으로 상을 주세요. 안에 들어가 주지 않을 때는 밥이나 간식 등으로 유도하여 무서운 장소가 아니라는 인식을 서서히 심어주세요.

다른 개나 고양이 냄새가 나거나 우는 소리가 나는 동물병원 대기실도 고양이에게는 매우 큰 스트레스입니다. 진료 예약을 하거나 차 안에서 기다리는 등으로 고양이를 배려하여 가능한 한 진료 대기 시간을 줄이는 것도 명심하세요.

> **Q. 03**
> 우리 집은 고양이 두 마리를 키우는데 수컷 고양이(중성화 수술 완료)가 암컷 고양이(중성화 수술 완료)에게 올라타고 마운팅Mounting하려 합니다. 성욕과 관계가 있나요? 못하게 하고 싶은데 좋은 해결 방법이 있다면 알려주세요.

 혼내지 말고 정신을 분산하게 해주세요!

고양이의 마운팅은 개와 비교했을 때 그다지 일반적이지 않기에 그 행동의 의도가 정확히는 알려지지 않았습니다. 원래 고양이의 마운팅은 교미의 목적으로 수컷이 암컷에게 하는 행위입니다. 그러나 이번에 받은 질문처럼 중성화 수술을 받은 수컷이나 암컷이라도 마운팅을 하는 경우가 있습니다. 이럴 때는 성욕과는 무관한 행동일 가능성이 큽니다.

예를 들어, 고령의 고양이가 젊은 고양이의 목을 물고 마운팅을 할 때는 어쩌면 훈육하는 행동에 가까운 의미가 있을지도 모릅니다. 또 환경의 변화나 스트레스를 느낄 때도 마운팅을 한다고 합니다. 중성화 시기가 늦었다면 중성화 전부터 하던 마운팅이 습관화된 가능성도 있습니다.

이처럼 고양이의 마운팅은 정확한 원인을 알기 어려워 마운팅을 효과적으로 그만두게 하는 것은 어렵습니다. 그렇지만 절대 고양이를 혼내면 안 됩니다. 고양이가 다른 고양이에게 마운팅을 시작했다면 마운팅하는 고양이를 부드럽게 당겨 고양이끼리 분리한 후 장난감 등으로 주의를 돌리면 더 좋습니다. 또한 실내 환경을 조성하거나('제3장 실내 환경' 109쪽 참조) 놀이 시간을 늘려 고양이들이 스트레스가 적은 생활을 하는 것을 목표로 하도록 추천합니다.

> **Q. 04** 검은 고양이를 키우고 있습니다. 어릴 때는 털빛이 새까맸는데 성장하면서 흰 털이 조금씩 나기 시작했어요. 이거 괜찮은 건가요?

고양이가 타고난 털빛이 되기까지는 조금 시간이 걸려요!

고양이의 털빛은 기본적으로는 유전자에 의해 결정되지만, 성묘가 되면서 새끼 때와는 다르게 털의 색이 변하는 일은 자주 있습니다.

예를 들어, 샴 고양이처럼 포인트 컬러 무늬가 있는 고양이는 태어난 직후에는 털빛이 새하얀데, 성묘가 되면서 얼굴 주변이나 귀, 발끝, 꼬리 쪽 털빛이 진해집니다. 그러한 변화에 깜짝 놀라는 반려인도 많지만, 이는 샴 고양이의 털빛이 결정되는 시아미즈 유전자가 온도에 따라 그 작용이 조절되기 때문입니다.

어미 고양이의 따뜻한 태내에서는 시아미즈 유전자가 작용하지 않기 때문에 새하얀 털빛이었지만 태어난 후에는 발끝이나 귀 끝, 꼬리 등 다른 곳보다 체온이 낮은 부분의 털빛이 거무스름해져 서서히 샴 고양이 본래의 털빛이 되어 갑니다.

검은 고양이에게 드문드문 흰 털이 나기 시작하는 이유도 성장에 따라 그 고양이가 지닌 본래의 털빛이 나타나기 시작한 것이겠지요.

또 고양이도 나이를 먹으면 인간의 백발과 마찬가지로 털의 색소가 옅어집니다만, 수염은 반대로 흰색에서 검은색으로 변합니다. 이는 '검은 수염 Black Whisker'이라고 해서 고양이가 나이를 먹어가는 사인 중 하나로 여깁니다.

> **Q. 05** 반려묘가 저를 보고 고개를 갸웃거리는 일이 자주 있습니다. 그럴 때 무슨 생각을 하는 걸까요?

집사인 반려인의 감정을
이해하고 싶은 건지도 몰라요?

인간도 고민하거나 생각하거나 할 때 고개를 갸웃거리지요? 인간 이외의 동물에게도 '고개를 갸웃' 하는 행동이 자주 관찰되는데요. 본래 동물의 이러한 행동에는 '다양한 각도에서 사물을 보아 더 많은 정보를 얻으려는' 의미가 있다고 합니다.

예를 들어, 말이나 토끼 등의 초식동물은 얼굴 측면까지 눈동자가 돌아가서 대상을 입체적으로 보기 위한 '양안시야'가 매우 좁고, 이를 충족하기 위해 고개를 갸웃하며 대가리를 움직인다고 합니다. 또한 원숭이도 지금껏 본 적 없는 새로운 것과 만나면 고개를 좌우로 기웃거리는 행동이 관찰된다고 합니다.

반려인이 말을 걸 때 고개를 갸웃거리는 행동은 고양이보다 개에게서 자주 보입니다. 이는 개의 시선에서는 긴 코 때문에 반려인의 입 주변이 가려져 표정을 관찰하기 어렵기 때문인데요. 그래서 고개를 대각선으로 돌려가며 관찰해 반려인의 표정에서 조금이라도 더 많은 정보를 얻으려는 것으로 추정됩니다. 실제로 코가 긴 견종은 코가 짧은 견종보다 고개를 더 자주 갸웃거린다고 합니다.

마찬가지로 고양이도 반려인의 표정이나 몸짓에서 조금이라도 더 정보를 얻으려고 고개를 갸웃거리는 것인지도 모릅니다. 다만 고개를 갸웃거리는 행동을 개가 더 많이 하는 이유는 고양이의 코가 개보다 짧기 때문인지도 모르겠네요(웃음).

> **Q. 06** 우리 고양이(1세, 수컷)는 비닐, 휴지, 얇은 천, 수건, 옷, 끈, 인형 등 뭐든 일단 씹어 놓습니다. 왜 그럴까요? 가능한 한 숨겨 놓고 있지만 혹시나 삼킬까 봐 걱정입니다. 나이가 더 들면 괜찮아질까요?

무엇이든 씹어 놓는 것은 울 서킹 Wool Sucking 일지도 몰라요!?

비닐이나 천 등을 씹거나 빠는 행동을 '울 서킹'이라고 합니다. 이는 인간의 경우 무의미한 행동을 반복하는 '강박성 장애'와 같은 마음의 병 중 하나로 여겨지고 있는데요. 고양이의 경우 젖을 너무 빨리 떼거나 스트레스, 유전 등이 원인일 것으로 추정되나 정확하지는 않습니다.

비닐이나 끈 등을 먹으면 고양이의 목숨이 위험해질 수도 있으니 가능한 한 행동교정 진료(동물의 문제행동 등 그 원인을 분석하고 치료하는 진료)를 하는 수의사에게 상담해보세요. 무엇보다 고양이가 생활하는 영역 안에 씹을 수 있는 물건을 치우는 것이 가장 중요합니다. 무엇이든 다 씹어 버린다면 전원 코드를 통한 감전 위험도 있으므로 가능한 한 위험천만한 상황에 노출되지 않도록 해야 합니다.

오식 위험성이 있는 것은 방치하지 않도록 주의한 후 스트레스가 쌓이지 않는 환경('제3장 실내 환경' 109쪽 참조)을 정비하거나 관심을 돌릴 수 있게 장난감으로 놀아 주면 좋습니다. 특히 울서킹 증상을 보이는 고양이 대부분은 이상하리만치 식욕이 강하다고 하니 '먹이 퍼즐'이나 '간식볼' 등 식사를 이용한 놀이를 할 수 있게 하는 것도 효과적입니다. 너무 심할 경우에는 '약물치료'라는 수단도 있으니 담당 수의사나 행동교정 진료 수의사와 의논하도록 하세요.

> **Q. 07** 고양이는 털빛이나 무늬에 따라 성격이 다르다고 하던데, 정말인가요?

 ## 고양이의 성격은 털빛만으로 결정되지 않아요!

인간의 혈액형 점 같이 "고등어는 와일드하다" "흰 고양이는 신경질적이다" 등의 '고양이 털·무늬 점'을 한 번쯤 들어본 적이 없나요? 동물병원에 오는 고양이들만 보아도 확실히 고등어 무늬 고양이 중에는 야성적이고 경계심이 강한 아이가 많은 듯하지만, 우리 냥짱은 1mm도 와일드함이 느껴지지 않습니다(웃음). 실제로 고양이 털빛과 성격의 관계에 관해서는 몇 가지 연구가 있지만 제대로 증명된 것은 아닙니다.

털빛에 따른 성격 차이는 단순히 털빛별로 '성별의 편중'을 보는 것뿐인지도 모릅니다. 한 연구에서는 삼색 고양이나 카오스 무늬 고양이는 다른 색 고양이와 비교했을 때 공격적인 고양이가 많았다고 보고되고 있습니다. 그러나 이러한 털빛을 가진 고양이 거의 모두가 암컷입니다. 한편 다른 연구에서는 치즈 고양이는 친절한 고양이가 많다고 보고되었는데, 어쩌면 이는 치즈 고양이의 70~80%가 수컷이기 때문인지도 모릅니다. 물론 여기에 해당하지 않는 개냥이 같은 삼색 고양이나 공격적인 치즈 고양이도 분명 있습니다.

실제로 고양이의 성격은 사회화 시기에 인간과의 교류나 부모 고양이의 성격, 중성화 수술 여부와 유전자 개체차 등 다양한 유전적 요인과 환경 인자에 의해 결정된다는 사실이 여러 연구를 통해 밝혀졌기에 털빛만으로 판단하기에는 곤란합니다. 고양이 털·무늬 점은 "그러고 보니 그럴싸하네" 하며 즐기는 정도라면 괜찮지만 털빛만으로 그 고양이의 성격을 판단하는 행동은 좋지 않습니다. 어떤 성격이라도 고양이는 고양이인 것만으로 귀여우니까요!

> **Q. 08** 실내에서만 키우는데 인식표나 방울을 꼭 달아야 하나요? 고양이가 스트레스 받지는 않을까요?

냥토스의 제안은
'방울은 안 달고 인식표는 단다'입니다!

    방울이 없어도 괜찮습니다. 고양이의 모습이 보이지 않는다고 해도 창문이나 문이 닫혀 있다면 반드시 집안 어딘가에 있으니까요. 고양이는 스스로 쾌적한 장소를 찾아다니는 동물이니 분명 마음에 드는 장소에서 쉬고 있겠지요. 억지로 찾아다니지 말고 혼자만의 시간을 갖도록 두시길 부탁드립니다.

    방울 소리에 고양이가 스트레스를 느끼는 일도 있습니다. 지금은 방울을 다는 것과 명백히 관계가 있는 병이 보고되지는 않았지만, 애초에 대부분 연구에서는 '고양이가 방울을 달고 있는가?'를 기록하지 않습니다.

    이렇듯 가능성은 꽤 작지만 만성적인 스트레스에 의해 어떤 병의 트리거가 될 가능성은 완전히 배제할 수 없습니다. 방울을 단 고양이 대부분이 그 소리에 익숙해진 듯 보이므로 큰 문제는 없으리라고 생각할 수 있지만 애초에 방울을 다는 장점을 잘 모르겠기에 냥토스네 냥짱은 달지 않고 있습니다. 꼭 방울을 달고 싶을 때는 소리가 작은 것을 고르는 편이 좋을 듯합니다.

한편 밖에서 기르는 고양이 혹은 외출냥이가 달고 있는 방울은 의외의 효과가 있다는 사실이 알려졌는데요. 바로 야생동물을 고양이로부터 지킬 수 있다는 점입니다.

최근 고양이를 외출냥이나 바깥에서 키움으로써 생태계가 파괴된다는 지적이 있습니다. 한 연구에 따르면 고양이에게 방울을 다는 것으로 조류의 포식은 50%, 설치류의 포식은 61% 정도 감소했다고 합니다.

서양의 우화 중에 천적인 고양이로부터 목숨을 지키기 위해 쥐들이 고양이 목에 방울을 달자며 상의하지만 결국 아무도 실행하지는 못했다는 이야기가 있습니다. 이 이야기를 바탕으로 생겨난 속담이 '고양이 목에 방울 달기'로, '무척 좋은 아이디어인 듯 보이나 실행하는 건 어려운 일'을 의미합니다.

이 연구를 생각하면 쥐들의 의견은 정말로 좋은 아이디였다고 할 수 있겠지요. 하지만 방울을 다는 것보다는 고양이를 지키는 의미에서도 꼭 실내에서만 살도록 해야 합니다.

이처럼 방울은 특별히 필요하지 않지만 인식표는 가능하다면 채우는 편이 좋습니다. 마이크로칩을 삽입했다면 인식표는 필요하지 않다는 수의사도 있지만, 인식표를 해두면 만에 하나 고양이가 탈출했을 때 다른 사람들도 단숨에 집고양이라는 사실을 알 수 있기 때문입니다. 반려인의 연락처 등이 이름과 함께 기재되어 있다면 더욱더 안심입니다.

인식표를 싫어하는 고양이는 가능한 한 가벼운 소재로 만든 것을 고릅니다. 가죽으로 만든 인식표는 보기에 예쁘니 자꾸만 사게 되지만 무거우므로 고양이가 위화감을 느끼거나 목털 탈모의 원인이 되기도 합니다. 또한 사고 방지를 위해(그루밍을 하다 입에 걸리거나 캣타워나 가구 등을 오르내리다 어딘가에 목줄이 걸리는 등) 목줄이 걸렸을 때 고양이가 힘을 주면 벗겨지는 '안전 버클'로 된 것을 고르세요. 고양이 목과 인식표 사이에 반려인의 손가락이 두 개 정도 들어가도록 길이를 조절하고 매일 조금씩 인식표에 적응하게 해주세요.

> **Q. 09** 고양이가 집에서 탈출했을 때 효과적으로 찾는 방법을 알려주세요. 이름을 부르면 알아듣나요? 좋아하는 밥이나 화장실 냄새도 좋을까요?

 ### 우선 집 주변을 철저히 찾아보세요!

한 연구에 따르면 탈출한 집고양이가 발견된 장소의 평균 거리는 집 주변으로부터 약 39m 정도였다고 합니다. 즉 바깥 환경에 익숙하지 않은 고양이는 집 가까운 곳에 숨어 있을 가능성이 비교적 크다는 말입니다.

우선은 집 주변에 고양이가 숨어 있을 법한 덤불, 차나 물건 아래, 실외기 주변 등을 주의 깊게 찾아보세요. 놀란 고양이는 위로 올라가는 습성이 있으니 옥상이나 나무 위 등도 살펴보세요. 좋아하는 간식을 흔들면서 찾는 것도 효과적입니다.

　대낮에 찾는 것도 좋지만 고양이의 습성을 생각하면 찾는 시간대는 이른 아침 혹은 저녁부터 밤이 좋을지도 모릅니다. 고양이의 눈은 암흑 속에서 빛나므로 의외로 밤에도 찾을 수 있습니다.

　긴장 상태의 고양이는 반려인이 자신의 이름을 불러도 좀처럼 나오지 않기 때문에 큰 목소리로 부르며 찾는 행동은 역효과가 될 수 있습니다. 그러니 평소 이름을 불렀던 톤과 목소리 크기로 부르면서 찾아보세요.

　동시에 경찰과 시 보호소 또는 주변 보호소에도 연락해두세요. 한편으로 많은 사람이 '보호소 입소=살처분'이라고 생각하는 경향이 있어 고양이를 임시 보호하는 사람이 보호소 등에 연락하지 않는 경우도 있으니 고양이의 모습과 특징이 잘 담긴 포스터나 전단을 만들어 주변 거리나 동네 동물병원 등에 배포하는 일도 중요합니다.

　평소 사용하는 화장실이나 좋아하는 담요나 쿠션이 들어 있는 종이상자, 숨숨집 등을 정원이나 현관에 두는 것도 추천하는 방법입니다.

> **Q.10** 고양이의 꼬리는 길거나 짧거나 혹은 밥테일이거나 등 다양한데 '끝이 꺾인 꼬리'는 좀 더 신기한 느낌이에요. 왜 그런 모양이 되는 걸까요?

다양한 꼬리 모양은 고양이 고유의 특징이에요!

다양한 꼬리 모양은 고양이의 특징 중 하나입니다. 사자나 호랑이, 표범, 치타 등 대형고양잇과는 대부분 올곧은 꼬리 모양으로 끝이 꺾인 꼬리는 기본적으로는 존재하지 않습니다.

다양한 꼬리 모양에는 각각의 이름이 붙어 있는데요. 일반적인 긴 꼬리는 '풀 테일Full Tail', 끝이 구부러진 꼬리는 '킹크드 테일Kinked Tail', 짧은 꼬리는 '밥 테일Bob Tail', 돼지 꼬리처럼 말려 있는 꼬리는 '코르크스크류 테일Corkscrew Tail', 꼬리가 거의 없는 경우인 '맹크스Manx' 등이 있습니다.

이렇게 다종다양한 고양이의 꼬리는 '유전자 이상'으로 태어나는 것으로 보고 있습니다. 예를 들어 'HES7'이라는 유전자에 변이가 일어나면 꼬리가 짧은 고양이가 태어난다는 사실이 최신 연구로 밝혀졌습니다. 'HES7' 유전자는 골격을 만들 때 중요한 작용을 하는데 'HES7'에 변이가 생김으로써 꼬리뼈의 성장에 이상이 나타나는 것입니다.

또한 꼬리가 거의 없는 맹크스는 'HES7'이 아니라 'T-Box' 유전자 이상이 관여되어 있다는 연구 결과가 있습니다. 나아가 'HES7'이나 'T-Box' 유전자에 변이가 없더라도 짧은 꼬리 고양이가 태어날 수 있다고 하니 그 외의 유전자 관여도 의심해볼 수 있습니다.

참고로 'HES7'는 인간의 경우 '척추늑골형성증'이라는 병의 원인 유전자 중 하나입니다. 이 병에 걸린 환자는 등뼈나 늑골이 정상적으로 발육하지 못해 최악의 경우 목숨이 위태로울 수도 있다고 합니다.

흥미로운 점은 고양이는 왜인지 이 유전자가 꼬리에 한정되어 뼈의 이상이 나타나고 그 외에는 전혀 문제없이 정상적으로 발육하므로 걱정할 필요가 없습니다. 이는 'HES7' 유전자 변이가 인간과 고양이에서 일어나는 방식이 다르기 때문이라고 생각됩니다.

> **Q. 11** 우리 고양이는 건사료를 먹기 시작한 후 계속 같은 것을 주고 있는데요. 이따금 모래 덮듯 덮는 시늉을 한 다음 먹을 때가 있는데 이건 질렸다는 의미일까요?

밥에 모래를 끼얹는 듯한 행동은 야생의 습성입니다!

밥에 모래를 끼얹는 행위를 '저장 행동caching'이라고 하는데요. 야생의 고양이나 사자 등 대형고양잇과 동물에서 관찰되는 행동입니다. 먹고 남은 먹이를 새나 쥐 등에게 빼앗기는 것을 막고 다시 배가 고플 때 먹을 수 있도록 보존하는 의미가 있는 것으로 보고 있습니다.

특히 이 저장 행동은 한 번에 다 먹지 못할 정도로 커다란 먹이를 사냥했을 때 자주 보이는데요. 이러한 행동이 현대의 집고양이에게는 어디까지 해당하는지는 모르지만, 어쩌면 고양이에게 한 번에 주는 건사료의 양이 많아서 그러한 행동을 보이는 것인지도 모릅니다. 조금씩 자주 밥을 주어 식사 횟수를 늘리거나 먹이 퍼즐 등을 사용해보는 것도 좋을 수 있습니다.

고양이는 원래 조금씩 자주 먹는 동물이므로 그대로 두었을 때 언젠가는 다 먹는다면 특별히 걱정할 필요는 없습니다. 다만 몸 상태가 나빠져 식욕이 없을 때도 밥을 숨기는 행동을 할 수 있으니 갑자기 이러한 행동을 할 때는 주의가 필요합니다.

> **Q. 12** 우리 고양이는 캣그라스를 아주 좋아해요. 먹으면 풀과 물을 토하는데, 풀을 안 먹으면 토하지 않으니까 풀을 주지 않는 분도 있다고 하네요. 고양이에게 더 좋은 쪽으로 해주고 싶은데 캣그라스를 먹여도 괜찮을까요?

 캣그라스를 억지로 먹일 필요는 없습니다!

캣그라스는 헤어볼을 토하게 하고 변비를 예방하는 효과가 있다고 합니다. 하지만 헤어볼 예방이라면 규칙적으로 털을 빗질해 가능한 한 헤어볼을 토하지 않게 하는 것이 고양이에게 더 좋고 변비 예방이라면 습식사료나 처방식사료가 압도적으로 효과가 있습니다. 즉 캣그라스의 가장 큰 장점은 '장점이 없다'라고 생각해도 좋습니다.

다만 딱히 단점도 없으니 고양이가 캣그라스의 식감을 좋아한다면 먹여도 괜찮습니다만 먹은 후 자꾸 토한다면 먹는 양을 제한하는 편이 좋습니다.

참고로 고양이가 왜 풀을 먹는지에 관한 진짜 이유는 아직 잘 모릅니다. 한 연구에 따르면 풀을 먹은 후 구토하는 고양이 수는 의외로 20~30% 정도라고 합니다.

침팬지 등의 영장류는 소화할 수 없는 풀을 먹어 장을 활발히 움직이게 하여 기생충으로부터 몸을 지킨다고 하는데, 고양이가 캣그라스를 먹는 이유도 장의 움직임을 원활히 하여 기생충을 배출하던 시절의 습성인지도 모릅니다.

> **Q.13**
> 우리 고양이는 그릇에 담아둔 건사료를 조금씩 남기는데요. 남은 건사료를 손바닥에 올려 주거나 바닥에 두면 다시 먹어요. 양이 많다거나 싫어하는 건 아닌 듯한데, 그릇이 없는 게 더 좋을까요?

 밥그릇이 마음에 들지 않는 것인지도 모릅니다?!

고양이가 굳이 바닥에 건사료를 떨어뜨린 후 먹거나 반려인이 손으로 줄 때만 먹는 경우는 어쩌면 밥그릇이 마음에 들지 않아서일지도 모릅니다. 특히 그릇의 측면에 수염이 닿는 걸 싫어하는 고양이도 꽤 있는데요, 이를 수염 스트레스Whisker Fatigue라고 합니다. 현재 지름이 작고 깊이가 깊은 그릇을 사용한다면 그릇 측면에 고양이 수염이 닿지 않도록 지름이 크고 깊이가 얕은 그릇으로 바꾸어보세요.

밥그릇의 소재도 중요한 선택 사항입니다. 특히 스테인리스 그릇을 싫어하는 고양이가 많은 편인데, 이는 그릇에 자신의 얼굴이 비쳐 보이거나 겨울에는 그릇이 차가워지기 때문이라고 추측되고 있습니다. 또한 플라스틱 그릇은 세균이 번식하기 쉬워 고양이 (턱)여드름의 원인이 되거나 냄새가 배기 쉬우므로 쓰지 않는 편이 좋습니다.

냥토스가 추천하는 고양이 밥그릇 소재는 도자기입니다. 스크래치가 생기기 어려워 세균이 잘 번식하지 않고 고양이도 좋아할 확률이 높습니다. 밥그릇을 바꾸어도 변화가 없다면 반려인이 자신에게 더 많은 관심을 두길 바라는 표현인지도 모릅니다.

> **Q. 14** 우리 고양이는 좀처럼 발톱을 못 깎게 해요. 시행착오를 거듭했지만 잘 안 돼요. 동물병원에 가면 얌전히 있어 주는데… 발톱을 잘 자르는 비결이나 추천하는 발톱깎이가 있으면 알려주세요.

한 번에 하려 하지 말고
기분 좋을 때 조금씩 깎아보세요!

고양이 발톱을 잘 못 깎겠다고 고민하는 반려인이 꽤 있지요? 발톱을 잘 깎는 비결은 한 번에 전부 자르려고 하지 않는 것입니다! 발톱 깎을 때뿐만 아니라 고양이를 다룰 가장 좋은 기회는 고양이가 편히 쉬고 있을 때입니다. 발톱도 그때를 노려 조심스럽게 하나씩 잘라보세요. 하루에 1~2개씩이라도 좋습니다. 그러는 편이 고양이에게도 스트레스가 덜하게 됩니다.

고양이 발톱을 깎을 때는 발바닥(육구)을 부드럽게 눌러 발톱이 나오도록 합니다. 이때 꽉 누르거나 발끝을 잡아당기면 고양이가 짜증을 내기 시작하니 어디까지나 부드럽고 조심스럽게 눌러주세요. 자를 때는 분홍색 부분을 자르지 않도록 충분히 주의하세요. 이 부분에는 혈관과 신경이 많이 존재하므로 잘못 자르면 엄청난 통증과 함께 출혈을 동반해 발톱을 자르는 행위가 고양이에게 트라우마가 될 수도 있습니다. 그러니 발톱 끝 뾰족한 부분만 잘라낸다는 생각으로 자르면 좋습니다.

또 다른 팁은 고양이를 잡아줄 사람이 있다면 2인 1조로 발톱을 자르면 더 편합니다. 앞발의 발톱을 자를 때는 무릎을 눌러 관절을 펼쳐 주고, 뒷발의 발톱을 자를 때는 똑바로 눕히거나 옆으로 눕혀 누르면 발톱을 자르기 좋습니다. 간식으로 주의를 분산하는 일도 좋은 방법입니다.

발톱깎이는 단두대(기요틴) 타입을 추천합니다. 가위처럼 생긴 것도 상관없지만 굳이 따지자면 새끼 고양이의 연한 발톱을 자를 때 더 적합하고, 성묘는 발톱에 힘이 들어가 위화감을 줄 수도 있습니다. 단두대 타입도 익숙해지면 사용하기 편하므로 고양이가 발톱 깎는 것을 싫어한다면 한 번 사용해보세요. 위에서 설명한 모든 방법을 동원했는데도 고양이가 심하게 반항한다면 포기하고 동물병원에서 자릅시다.

발톱 깎을 때 포인트

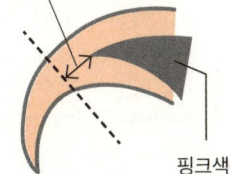

2mm 이상 떨어진 곳
(빠르게 싹뚝!)

핑크색(혈관과 신경) 부분

Q.15

감기에 걸린 새끼 고양이를 보호하다 쭉 키우게 되었는데요, 성묘가 된 지금도 환절기마다 감기가 재발하고는 합니다. 좋은 예방법이나 보조제, 완치할 수 있는 치료약 등이 있을까요?

 **감기에 걸렸던 고양이도
백신 접종을 꼭 해주세요!**

고양이 감기는 콧물이나 재채기, 기침이나 눈곱이 끼는 등 인간의 감기와 비슷한 증상을 보이는데요. 헤르페스(허피스) 바이러스$^{Feline\ herpes\ virus:\ FHV,\ FHV-1}$나 칼리시 바이러스$^{Feline\ Calci\ Virus,\ FCV}$, 클라미디아 감염증$^{Chlamydial\ infection}$ 등으로 감기에 걸립니다.

특히 헤르페스(허피스) 바이러스가 애를 먹이는데요. 한 번 감염되면 고양이 체내에서 절대 사라지지 않습니다. 바이러스를 물리치는 면역력이 활발할 때는 신경 안에 숨어 있다가 스트레스나 기온 변화 등으로 면역력이 저하된 틈을 노려 다시 바이러스가 증식해 악화하는(잠복 감염) 특징이 있기 때문입니다.

숨어 있는 바이러스를 물리치는 약이나 억제하는 보조제는 없지만, 이미 바이러스에 감염된 고양이도 백신 접종으로 항체를 만든다면 바이러스 증식을 억제할 수 있습니다. 백신 종류나 접종 빈도는 담당 수의사와 잘 상의해보세요.

에어컨이나 온풍기, 가습기나 제습기 등을 잘 사용하여 실내

온도와 습도를 일정하게 유지하고 스트레스가 쌓이지 않는 환경('제3장 생활 환경' 109쪽 참조)을 조성하는 일도 중요합니다. 다묘 가정이라면 새로 입양한 고양이는 물론 원래 살던 고양이들에게도 꼭 백신을 접종해주세요.

> **Q. 16** 고양이의 병은 수의사에 따라 소견이 크게 변하는 일이 있나요?

 정답, 있습니다!

　내과나 외과, 피부과나 안과 등 각각의 과로 나뉜 인간의 병원과는 달리 대부분 동물병원에서는 수의사 한 명이 여러 동물의 다양한 병과 폭넓은 분야를 진찰합니다.

　개, 고양이, 토끼 등 동물별로 걸리기 쉬운 병이나 그 치료법도 크게 다르고 진찰뿐 아니라 필요하면 마취 후 수술해야 할 때도 있습니다. 이렇게나 넓은 수비 범위를 혼자 감당해야 하는 사람이 수의사입니다. 그러나 수의사는 만능 슈퍼맨이 아니므로 아무래도 잘하고 못하는 분야가 나오기 마련입니다.

　예를 들어, 냥토스가 임상 수의사였던 시절에는 종양이나 마취 분야는 자신 있었지만 피부과나 안과는 그렇지 못했습니다.

또한 쓰러질 만큼 바쁜 나날 속에서 모든 분야의 최신 수의학 지식을 업데이트하는 것도 정말로 어려운 일입니다.

나아가 수의사의 세계에서는 데이터를 모으는 과정이 꽤 힘든 일이라 가치 있는 표준적 치료 Gold Stand Technology 가 확립되어 있지 않은 병이 많고, 수의사 개개인의 경험을 바탕으로 치료가 선택되는 일도 많습니다. 이러한 사정 때문에 수의사별로 진단이나 치료법이 크게 달라지는 일이 자주 있습니다.

만약 반려인이 보기에 현재의 진단이나 치료에 걱정되는 점이나 수긍이 가지 않는 부분이 있다면 우선 담당 수의사와 잘 이야기를 나눠보세요. 더욱더 전문성이 높은 지식이나 기술을 지닌 수의사의 제2의 소견 Second Opinion 을 원할 때는 그 뜻을 꼭 전하세요. 담당 수의사에게 실례가 아닐까 걱정되는 마음도 충분히 이해하지만, 제대로 된 이념을 지닌 수의사라면 흔쾌히 소개장을 써줄 것입니다. 우리 수의사는 반려인이 자신의 마음을 확실히 전달해주는 게 더 좋습니다.

여기서 주의할 점은 담당 수의사에게 비밀로 하고 다른 병원으로 가는 것입니다. 이는 제2의 소견이 아니라 '병원을 옮기는 경우'가 되므로 조금 문제가 됩니다. 왜냐하면 지금까지 어떤 검사를 했고 어떤 치료를 받았으며 어떤 경과를 거쳐왔는지는 앞서 다니던 동물병원 수의사밖에 모르니까요.

처방받은 약에 따라서는 병의 증상을 숨겨 버려 진단이 어려워지는 예도 있습니다. 그렇게 되면 옮긴 동물병원의 수의사는 눈을 가린 채 손으로 더듬거리며 진단을 내리고 치료 방법을 생각해야 합니다. 이렇게 되면 첫 번째 동물병원보다 더 좋은 의견을 얻을 확률은 떨어집니다. 또한 다른 동물병원으로 전전할수록 같은 검사나 치료 등으로 낭비를 반복하게 되어 고양이나 반려인에게 부담이 가중됩니다.

또한 반려인의 힘으로 더욱더 전문성 높은 수의사나 동물병원을 찾는 데에는 한계가 있습니다. 이전에는 제2의 소견이 되는 대학병원을 소개하는 경우가 많았지만, 요즘은 특히 도시에서는 대학병원처럼 큰 2차 병원이나 인간의 피부과, 안과처럼 고양이 역시 더욱더 세분화하고 전문성이 높은 동물병원이 늘어 수의사가 다른 동물병원을 소개하기 쉬운 환경이 조성된 편입니다. 그러니 병과 싸우는 고양이를 위해 조금만 용기 내 담당 수의사와 상의해보세요.

> **Q. 17**
> 저는 겨울이 되면 피부가 심하게 거칠어져서 핸드크림이나 보디크림을 꼭 사용하는데요, 고양이에게 괜찮을까요? 고양이를 안았을 때 묻거나 고양이가 얼굴을 핥거나 하면 고양이에게 해로울까 걱정이 됩니다.

 바셀린을 추천합니다!

저도 피부가 건성인 편이라 그 마음 잘 압니다. 핸드크림이나 보디크림은 애초에 입에 넣는 경우를 고려하지 않았기에 역시 고양이의 입에도 들어가지 않도록 하는 편이 좋습니다. 특히 고양이는 그루밍을 해서 몸에 묻은 것도 입으로 들어가니 보습크림을 바른 손으로는 되도록 고양이를 만지지 않는 게 좋겠지요.

일본에서 판매되는 핸드크림과 보디크림은 엄격한 기준을 통과하였으므로 기본적으로는 문제없이 쓸 수 있겠지만, 고양이는 '글루쿠론산 포함^{glucuronic 酸抱合, 약물에 글루쿠론산이 결합하는 약물 대사 반응의 하나}'이라는 해독 경로(62쪽 참조)가 없어 인간에게는 문제가 없을지라도 고양이에게는 독성을 지닐 가능성이 있습니다.

특히 식물 오일을 사용한 핸드크림 중에는 고양이에게 정말 위험한 것도 있습니다. 또한 '알파리포산(48쪽 참조)'이 포함된 핸드크림이나 보디크림도 판매되고 있는데, 알파리포산은 고양이에게 맹독이라 소량이라도 고양이를 죽음에 이를 수 있습니다.

가장 안전한 제품은 바셀린입니다. 안정성이 매우 높고 고양이 변비나 헤어볼 약으로 처방되기도 합니다. 인간의 피부 건조에도 효과가 좋으니 강력히 추천합니다!

> **Q.18** 평소 집에서 가까운 동물병원에 다니고 있는데, 조금 더 가면 큰 동물병원도 있어 고민 중입니다. 동물병원의 차이에 관해 알고 싶습니다.

 동물병원도 세분화가 진행되고 있답니다!

요즘은 동물병원도 종류가 다양하고 정보 또한 넘쳐나 동물병원을 선택할 때 망설이는 반려인도 많은 듯합니다. 여기에서는 간단히 동물병원의 종류와 수의사에 관해 대답하겠습니다.

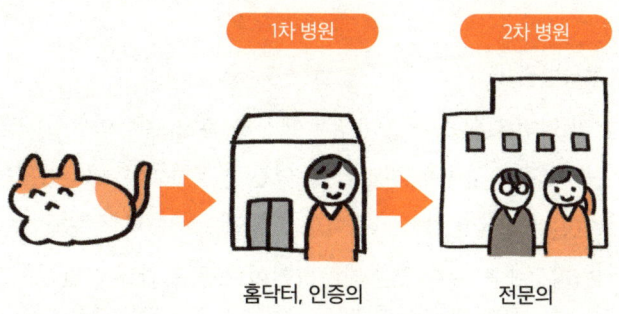

1차 병원

이른바 '동네 동물병원 수의사'입니다. 백신 접종이나 간단한 건강 검진을 비롯해 예방 의료, 고양이의 몸이 안 좋아졌을 때 등에 편하게 방문하는 동물병원입니다.

2차 병원

대학병원이나 규모가 큰 동물의료센터 등이 여기에 해당합니다. 1차 병원에서는 진행하기 어려운 고도의 검사(CT나 MRI)나 수술, 치료 등을 하는 병원으로 진료과목별로 전문성이 높은 수의사가 많이 모여 있어 최후의 보루 같은 존재이지요. 평소 다니는 동물병원 담당 수의사의 소개장이 필요한 완전 예약제 병원이 대부분입니다.

1.5차 병원

1차 병원과 2차 병원의 중간 격인 동물병원입니다. 예방 의료에서 고도의 검사, 치료까지 폭넓게 진행합니다.

응급병원

1차 병원 격인 동네 동물병원이 문을 열지 않는 야간이나 공휴일 등에 긴급 환자를 진료할 수 있는 병원입니다. 지금까지는 낮에 진찰한 동물병원이 야간이나 공휴일도 대응하는 형태가 많았지만 최근에는 야간 응급 전문병원이나 응급 진료를 전문으로 하는 수의사가 늘고 있습니다.

전문과 병원

미국 수의사 전문의나 아시아 수의사 전문의의 보급과 함께 최근 늘어난 피부과와 안과 등 부위별 진료가 가능한 전문 동물병원입니다. 인간의 전문병원과 마찬가지로 더욱더 전문성이 높은 치료를 받을 수 있습니다. 요즘은 전문의는 아니지만 고양이 전용 동물병원의 수도 늘고 있습니다.

전문의와 인정의의 차이

'전문의'는 전문과 레지던트(연수의)로서 수년간 경력을 쌓은 후 전문의 시험에 합격한 수의사에게 주어지는 자격입니다. 일본에는 극소수밖에 없지만, 미국 전문의는 특히 정말로 바늘구멍으로 무척 엄격한 기준을 통과한, 이른바 그 분야의 권위자[an Expert]라고 해도 좋습니다. 최근에는 미국뿐 아니라 아시아나 일본의 학술학회에서도 전문의를 설립하고 전문성 높은 수의 진료 보급에 힘쓰고 있습니다.

일본의 동물병원에 재적하는 전문의

- 미국 전문의

  내과, 종양과, 방사선종양과, 신경과, 순환기과, 행동진료과 등

- 아시아 전문의

  내과 전문의(내과, 신경과, 종양과, 순환기과), 피부과, 안과

- 일본

  소동물외과 전문의, 안과

한편 '인정의'는 일본 학술학회가 '이 분야에 관해 일정 이상

의 지식을 지니고 있다'라고 정한 기준과 시험을 통과한 자에게 부여되는 제도로, 기본적으로는 레지던트 제도가 없습니다. 외과, 내과, 종합진료과, 종양과, 순환기과, 피부과, 화상진료과 등이 있는데 전문의보다 수가 많고 1차 동물병원에서 근무하는 수의사도 많습니다.

> **Q. 19** 우리 고양이는 당뇨병이 있어 집에서 매일 인슐린 주사를 놓고 있습니다. 고양이도 주사 놓는 걸 싫어해 매번 움직이고 도망가는 등 좀처럼 수월하지 않아 힘듭니다. 주사나 수액을 잘 놓는 비결이 있을까요?

**피부를 단단히 잡아당겨
수직으로 찌르는 것이 비결입니다!**

반려인이 직접 고양이에게 주사를 놓는다면 처음에는 누구나 긴장할 수밖에 없지요. 실제로 고양이가 주사 맞은 곳을 보지 않았기에 단언할 수는 없지만, 기본적으로 피하 주사는 근육 주사보다 통증이 적다고 합니다.

또한 인슐린 주사의 바늘은 꽤 가늘어 만약 고양이가 아파한다면 아마도 근육에 바늘 끝이 닿았을 가능성이 있습니다. 226쪽

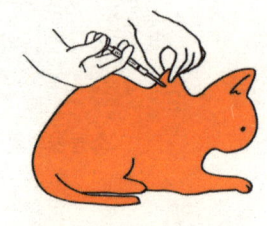
피하주사 놓는 법

아래에 보이는 그림처럼 고양이 피부를 확실히 잡아당겨 피부와 수직으로 바늘을 찌르세요. 고양이가 너무 싫어하면 도움을 받아 둘이서 하면 잘할 수 있습니다.

마찬가지로 집에서 해도 되는 치료 중에는 만성 신장병 등이 있을 때 시행하는 피하수액도 있습니다. 주요 방법으로 2가지가 있는데, 동물병원마다 방식이 다릅니다.

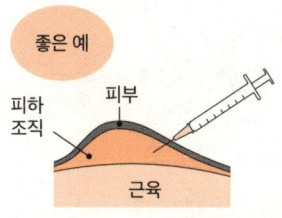

위 그림처럼 바늘 끝이 피부 안(피하 조직 안)에 들어가도록 바늘을 피부에 찌릅니다

하나는 수액 백을 사용하여 중력으로 떨어뜨리는(혹은 가압 백으로 짜내는) 방법이고, 다른 하나는 주사기를 사용해 손으로 눌러가며 주입하는 방법입니다.

전자는 주사기값 등이 들지 않으니 낮은 비용으로 할 수 있다는 게 장점이지만, 수액 양을 정확히 잴 수 없고 시간이 오래 걸린다는 단점이 있습니다.

주사기를 사용한 방법은 정확한 양을 주입할 수 있다는 점과 손으로 눌러 넣는 것이 가능해 시술이 간단하다는 장점이 있습니다. 그러나 수액 양이 많으면 여러 번 주사기를 바꿔야 해서 번거로울 수 있습니다. 자세한 방법은 동물병원별로 다르니 담당 수의사에게 잘 확인한 후 결정하도록 하세요.

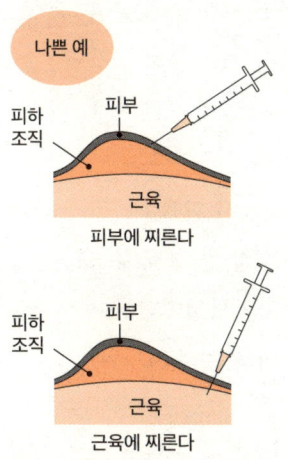

※ 참고 사이트(일본어)
https://www.prozinc.jp/cat/prozinc/injection/

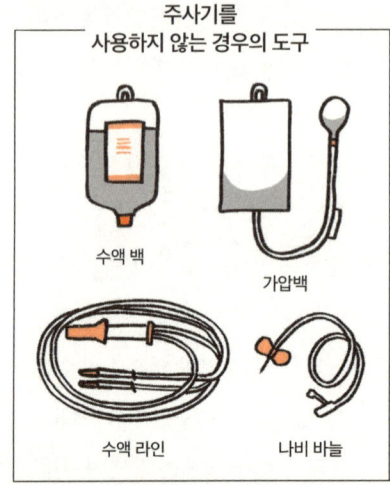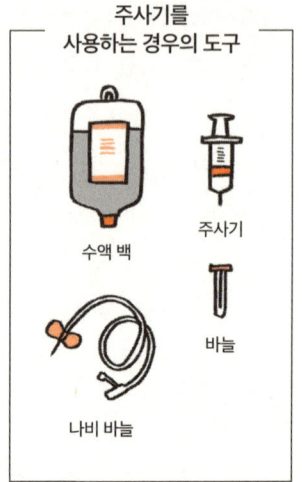

피하수액을 잘 넣는 비결은 가능한 한 빠른 시간 안에 끝내는 것입니다. 수액 백을 사용한다면 가압 백을 함께 사용하는 것을 추천합니다. 피하수액은 낙타의 혹처럼 피하조직에 고인 수액이 서서히 흡수되므로 단숨에 넣어도 괜찮습니다.

수액을 데워 사용하는 것도 추천합니다. 집에서 피하수액을 맞는 고양이 399마리의 각 반려인에게 설문조사를 한 결과 수액을 데운 사람의 83%가 수액을 데운 게 효과적인 방법이었다고 답했습니다. 다만 너무 데우지 않도록 주의해야 하는데 사람 체온 정도가 적당합니다.

잘 참아준 데에 관한 보상을 주는 것도 고양이가 수액에 익숙해지도록 만드는 데 효과적이겠지요. 이 설문조사에서 수액 후 간식을 준 반려인의 57%가 간식 덕분에 고양이가 수액을 잘 참게 되었다고 대답했습니다. 그러니 이것도 꼭 시도해보세요.

이런 스트레스 받는 치료를 왜 굳이 집에서 해야 하느냐고 생각하는 반려인도 있을지 모르지만, 만성 신장병을 앓는 고양이는 신장의 조절 기능이 원활하지 않기 때문에 몸의 수분이 자꾸만 소변으로 빠져나갑니다. 피하수액은 이 탈수를 막기 위해 하는 시술입니다.

근본적인 치료는 아니지만, 피하수액을 놓는 것만으로도 식욕이 단숨에 회복되어 몰라보게 건강해지는 고양이도 많이 있습니다. 만약 피하수액을 놓기 어렵거나 고양이나 반려인에게 부담이 크다면 혼자서 끙끙 앓지 말고 담당 수의사와 꼭 의논하세요.

> **Q. 20** 현재 16세, 22세 노묘들과 함께 살고 있습니다. 최근 22세 아이의 소변 관련 문제로 고민하고 있습니다. 돌보는 방법 등을 자세히 알려주세요.

 지금껏 했던 돌봄을 더욱 세심하게 해주세요!

고양이도 나이를 먹으면 몸 마디마디가 아파 다양한 일을 할 수 없게 됩니다. 좋은 노후 생활을 보내기 위해서는 반려인의 도움이 필수적입니다.

　예를 들어, 그루밍 횟수가 줄어듭니다. 따라서 피부나 털을 건강하게 유지하려면 빗질을 통한 정기적인 관리가 필요합니다. 빗질은 헤어볼이 생기는 것을 막을 뿐 아니라 혈액순환도 촉진하여 지방선 분비를 활발하게 합니다. 고령의 고양이는 살이 빠져 뼈만 앙상한 경우가 많으므로 빗질할 때는 살살해주세요. 눈이나 엉덩이 주변이 더러워졌을 때는 따뜻한 물을 적신 면수건이나 화장솜 등으로 부드럽게 닦아주세요.

　동시에 발톱도 꼼꼼히 확인해주세요. 몸이 아프면 스크래치 횟수도 줄어듭니다. 제대로 스크래치를 하지 못하면 바깥쪽의 오래된 발톱 껍질이 잘 떨어져나가지 않아 발톱이 두껍고 둥글게 변형된 내성발톱이 됩니다. 심하면 발톱이 발바닥 살을 찌르기도 하지요. 자주 발톱을 잘라주면 오래된 껍질도 함께 제거되므로 내성발톱을 예방할 수도 있습니다. 특히 엄지 발톱은 내성발톱이 되기 쉬우므로 주의해야 합니다.

　화장실도 좀 더 사용하기 쉽게 바꾸어주는 일도 중요합니다. 입구가 낮은 화장실로 바꾸거나 받침대를 설치하면 좋습니다. 화장실 개수를 늘리거나 고양이가 잘 쉬는 장소 가까운 곳에 화장실을 배치함으로써 화장실에 가기 쉬운 환경을 마련해주세요. 그 외에 '제 1장 식사' 내에 있는 '노령 고양이는 체질에 맞추어 식사를 제공한다(35쪽)'도 참고해주세요.

> **Q. 21** 우리 고양이는 중증 난치 뇌전증으로 대학병원과 일반 동물병원 두 곳을 다니고 있습니다. 두 동물병원 사이의 교류가 거의 없어 제가 중간에서 의사소통하는 데 어려움을 느낍니다. 수의사 선생님과 잘 대화할 수 있는 비결을 알려 주세요.

혼자 고민하지 말고
가볍게 수의사에게 의논하세요!

대학병원과 일반 동물병원도 기본적으로 필요하다면 전화나 팩스 등으로 서로 연락을 주고받습니다. 전문적인 진료 내용을 반려인의 입으로 전하는 일에는 어려운 부분도 많을 것입니다. 그러니 대학병원 혹은 다니던 동네 동물병원 수의사 중 이야기하기 쉬운 선생님에게 설명하기 어렵다고 느끼는 부분이나 다른 쪽 수의사에게 치료 내용이나 경과에 관해 수의사가 직접 연락해주기를 바란다는 뜻을 전해보세요.

수의사 역시 더욱 원활히 치료를 진행하는 편이 좋다고 생각하겠지만, 어느 동물병원이든 바쁘다보니 어쩌면 그렇게까지 신경 쓰지 못했던 것뿐일지도 모릅니다. 반려인이 요청한다면 보고서를 만들어주거나 전화를 해주는 등 어떤 식으로든 대응해줄 것이니 이번 질문 같은 경우뿐 아니라 의문점이나 불안한 점이 있다면 부담없이 수의사에게 상담해보세요.

수의사와 잘 대화하는 비결은 고양이에게 무언가 평소와 다른 증상을 발견했을 때 스마트폰 등으로 동영상과 사진을 찍어두면 수의사는 무척 도움이 됩니다. 왜냐하면 반려인의 설명을 들은 수의사가 떠올린 질병이나 증상이 실제와 다른 일이 자주 있기 때문입니다.

　예를 들어, 고양이의 기침 증상은 토할 때의 모습과 아주 흡사합니다. 따라서 '우리 고양이는 토하려고 한다'라고 착각하는 반려인이 많은데, 수의사가 진찰해보면 실은 기침 증상인 일이 자주 있습니다. 이럴 때 당시 고양이의 모습을 찍은 동영상이 있다면 수의사가 고양이의 증상을 효과적으로 파악할 수 있을 것입니다. 마찬가지로 설사나 구토한 것, 혈뇨나 경련 발작 등도 사진이나 동영상이 있으면 수의사가 진료하는 데에 도움이 됩니다.

> **Q. 22** | '고양이 에이즈'가 신경 쓰입니다. 여러 고양이를 함께 키우는 일도 고려하고 있어 올바른 지식을 알고 싶어요.

스트레스를 주지 말고
다른 고양이들은 격리해주세요!

　'고양이 면역부전 바이러스 Feline Immunodeficiency Virus, FIV' 감염이 원인으로 발병하는 병을 '고양이 에이즈'라고 부릅니다. 조금 더 자세히 설명하면 에이즈는 '후천성면역결핍증후군 Acquired Immune Deficiency Syndrome, AIDS'으로, 병원균 등으로부터 몸을 지킬 면역체계가 작동하지 않는 병을 가리킵니다.

안타깝게도 에이즈가 발병하면 지금으로서는 효과적인 치료법이 없어 수개월 이내로 사망하게 됩니다. 또한 고양이의 몸에서도 고양이 면역부전 바이러스를 제거할 약이나 방법이 현재로서는 개발되지 않았습니다.

고양이 면역부전 바이러스에 감염되면 처음에는 무증상이지만 서서히 면역계가 망가지기 시작하면서 온몸의 림프샘 부종이나 발열, 구내염, 감기 같은 증상이 나타납니다.

에이즈가 발병한 몸은 면역이 거의 작동하지 않게 되므로 면역이 정상적일 때는 전혀 문제 되지 않았던 세균이나 곰팡이 등에 감염되면 위험한 상태에 빠질 수 있습니다(기회감염). 또한 면역체계 기능이 저하되면 암세포를 제거할 수도 없으므로 림프종을 비롯한 다양한 암이 생기기 쉬워집니다.

그러나 고양이 면역부전 바이러스는 잠복기가 매우 길고 평생 한 번도 에이즈 증상이 발현하지 않고 수명이 다한 고양이도 많이 있습니다.

에이즈 발병을 예방하기 위해서는 고양이에게 스트레스 없는 청결하고 쾌적한 생활 환경을 마련해주는 것이 중요합니다. 화장실이나 밥그릇을 늘 깨끗이 유지하고, 내려다볼 수 있는 높은 곳이나 원할 때마다 휴식을 취할 수 있는 숨숨집 등을 마련해주어 고양이가 마음 편하게 생활할 수 있도록 살펴주세요.

고양이 면역부전 바이러스는 체외에서는 살아남지 못하므로 체액을 매개로 다른 고양이에게 감염됩니다. 고양이의 경우 교미 외에도 싸움 등으로 에이즈를 옮기는 경우가 많고 타액에도 바이러스가 존재하므로 서로 그루밍을 해주면 감염될 위험도 있으니 다른 고양이에게 감염시키지 않도록 생활공간을 격리해야 합니다.

고양이 면역부전 바이러스를 예방하는 백신도 있지만 확실한 예방 효과는 없으니 담당 수의사와 상의하여 접종할지 말지 판단해주세요.

맺음말

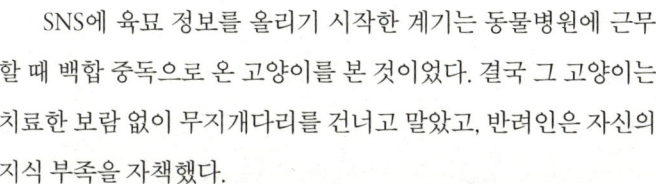

SNS에 육묘 정보를 올리기 시작한 계기는 동물병원에 근무할 때 백합 중독으로 온 고양이를 본 것이었다. 결국 그 고양이는 치료한 보람 없이 무지개다리를 건너고 말았고, 반려인은 자신의 지식 부족을 자책했다.

고양이에게 백합이 맹독이라는 사실을 알았다면 백합을 집에 두는 반려인은 없을 것이다. 하지만 그러한 전문적인 지식은 좀처럼 접할 기회가 없으니 반려인이 모른다고 해도 어쩔 수 없는 일이다. '올바른 지식이 있다면 구할 수 있는 생명이 많다'라는 것을 절실히 느낀 경험이었다.

그 일이 있고 며칠 후, 나는 곧바로 트위터 계정을 만들어(@nyantostos) 반려인이 알아두었으면 하는 정보를 꾸준히 올리기 시작했다. '그러고 보니 고양이 아이콘 수의사가 뭐라 그랬는데' 하는 기억이 머릿속 한편에 있는 것만으로 조금은 바뀔지도 모른다고 생각하면서 쓰고 또 썼다. 마침 연구원으로서도 활동하기 시작한 때였기에 이미 고치지 못하는 병으로 괴로워하는 동물들을 구하기 위한 연구 역시 하고 있었는데, 그동안에도 구할 수 있었던 생명을 잃을 수 있다는 모순을 어떻게든 없애고 싶은 마음이 있었던 것 같다.

SNS를 계속하면서 "냥토스 선생님의 트위터 덕에 병을 빨리 눈치챌 수 있었어요!"라는 메시지도 몇 번 받았기에 정말로 SNS를 계속하기를 잘했다고 생각한다. 계정을 만든 지 3년이 지난 지금은 6만 명이 넘는 애묘인이 팔로워해주셨고, 수많은 분 덕에 이 책 『고양이 집사 매뉴얼』을 출판할 수 있었다.

앞으로도 수많은 고양이와 반려인이 행복하고 즐거운 나날을 보낼 수 있는 정보를 많이 공유하고 싶다. 물론 본업 역시 언젠가 많은 고양이의 목숨을 구하는 연구 성과를 낼 수 있도록 게을리하지 않고 애쓰며 노력할 것이다.

수의사 냥토스

주요참고문헌일람

【제 1 장 식사】

■ p.20 「과도한 '그레인 프리 신앙' 을 조심하자」
◎ Mueller, R. S., Olivry, T. & Préaud, P. Critically appraised topic on adverse food reactions of companion animals (2): common food allergen sources in dogs and cats. BMC Vet. Res. 12, 9 (2016)

■ p.23 「'힐스' 와 '로얄캐닌' 을 추천하는 이유는 ?」, p.38 「반려인의 자의적 판단으로 처방식을 먹이면 위험하다」
◎ Plantinga, E. A., Everts, H., Kastelein, A. M. C. & Beynen, A. C. Retrospective study of the survival of cats with acquired chronic renal insufficiency offered different commercial diets. Vet. Rec. 157, 185-187 (2005)

■ p.26 「건식과 습식을 '혼합 급여' 하자」
◎ 徳本一義,「猫における水⋯分摂取の重要性」,『ペット栄養学会誌』16, 96-8 (2013)

■ p.29 「밥 주는 횟수를 '4 회 이상' 으로 나누면 장점이 더많다」, p.33 「고양이는 미각보다 후각으로 '맛' 을 판단한다」
◎ Zaghini, G. & Biagi, G. Nutritional peculiarities and diet palatability in the cat. Vet. Res. Commun. 29 Suppl 2, 39-44 (2005)

■ p.33 「고양이는 미각보다 후각으로 '맛' 을 판단한다」
◎ Royal Canine "Why is My Cat Fussy?" (https://breeders.royalcanin.com.au/cat/articles/nutrition-health/why-is-my-catfussy)
◎ Belloir, C, et al. Biophysical and functional characterization of the N-terminal domain of the cat T1R1 umami taste receptor expressed in Escherichia coli. PLoS One 12, e0187051 (2017)

■ p.35 「노령 고양이는 체질 변화에 맞추어 식사를 제공하자」
◎ Harper, E. J. Changing perspectives on aging and energy requirements: aging and energy intakes in humans, dogs and cats. J. Nutr. 128, 2623S-2626S (1998)
◎ Bellows, J, et al. Aging in cats: Common physical and functional changes. J. Feline Med. Surg. 18, 533-550 (2016)

■ p. 41 「그 수제 밥 , 먹이기 전에 한 번 더 생각하자」
◎ Wilson, S. A., Villaverde, C., Fascetti, A. J. & Larsen, J. A. Evaluation of the nutritional adequacy of recipes for home-prepared maintenance diets for cats. J. Am. Vet. Med. Assoc, 254, 1172-1179 (2019)

■ p.43 「간식이 반드시 나쁘지는 않다」
◎ 最新科学で猫の体重管理。肥満を抑えて体型を維持するサイエンス・ダイエット (ヒルズペット : https://www.hills.co.jp/science-diet/catneutered)
◎ Wilson, C, et al, Owner observations regarding cat scratching behavior: an internet-based survey. J. Feline Med. Surg, 18, 791-797 (2016)

■ p.46 「영양제 및 보조제는 오남용에 주의하자」
◎ ネコにはネコの乳酸菌 !?〜 ネコにおける加齢に伴う腸内細菌叢の変化〜 (https://www.a-u-tokyo.ac.jp/topics/2017/20170817-1.html)
◎ Masuoka, H. et al. Transition of the intestinal microbiota of cats with age. PLoS One 12, e0181739 (2017)

【제 2 장 건강과 장수】

■ p.54 「바깥에 내보내는 것만으로 고양이의 수명은 3 년이나 줄어든다」
◎ 2019 年 (令和元年) 全国犬猫飼育実態調査 結果 (一般社団法人ペットフード協会)
◎ Oxley, J., Montrose, T. & Others. High-rise syndrome in cats. Veterinary Times 26, 10-12 (2016)

■ p.57 「감염증 예방 백신의 위험과 최적 접종 빈도는 ?」
◎ Finch, N. C., Syme, H. M. & Elliott, J. Risk Factors for Development of Chronic Kidney Disease in Cats. J. Vet. Intern. Med. 30, 602-610 (2016)
◎ WSAVA 犬と猫のワクチネーションガイドライン
◎ ねこを守ろう。(ソエティス社 : https://www.nekomamo.com/parasite/filaria/)

■ p.64 「담배 , 향료가 들어간 세제 , 냄새 제거 스프레이도 좋지 않다」
◎ Bertone, E. R., Snyder, L. A. & Moore, A. S. Environmental tobacco smoke and risk of malignant lymphoma in pet cats. Am. J. Epidemiol. 156, 268-273 (2002)
◎ Sheu, R, et al. Human transport of thirdhand tobacco smoke: A prominent source of hazardous air pollutants into indoor nonsmoking environments. Sci Adv 6, eaay4109 (2020)
◎ Bertone, E. R., Snyder, L. A. & Moore, A. S. Environmental and lifestyle risk factors for oral squamous cell carcinoma in domestic cats. J. Vet. Intern. Med. 17, 557-562 (2003)
◎ Rand, J. S., Kinnaird, E., Baglioni, A., Blackshaw, J. & Priest, J. Acute stress hyperglycemia in cats is associated with struggling and increased concentrations of lactate and norepinephrine. J. Vet. Intern. Med. 16, 123-132 (2002)
◎ 「猫の疾患 総まとめ : 後編 高残留性柔軟剤・消臭除菌スプレー・家庭用洗浄剤による伴侶動物の健康被害」,『CLINIC NOTE No.164 2019 Mar 3 月号』
◎ 香害について 5 症例の報告 (CLINIC NOTE No.164 の著者のブログ : https://ameblo.jp/catsclinic/entry-12445386369.html)

■ p.70 「반려에 1 번」건강 검진은 인간의 '2 년에 1 번」검진과 같다」, p.72 「건강 검진 , 낭토스네는 어떻게 하고있을까 ?」
◎ 堀ら,「猫 NT-proBNP の院内検査キットを用いた心疾患の検出精度の解析」,『動物の循環器』52, 11-9 (2019)
◎ Hall, J. A., Yerramilli, M., Obare, E., Yerramilli, M. & Jewell, D. E. Comparison of serum concentrations of symmetric dimethylarginine and creatinine as kidney function biomarkers in cats with chronic kidney disease. J. Vet. Intern. Med. 28, 1676-1683 (2014)
◎ IRIS Staging of CKD (modified 2019) (http://www.iris-kidney.com)

■ p.78 「집에서도 꼼꼼하게 건강 체크를 하자」
◎ Slingerland, L. I., Hazewinkel, H. A. W., Meij, B. P., Picavet, P. & Voorhout, G. Cross-sectional study of the prevalence and clinical features of osteoarthritis in 100 cats. Vet. J. 187, 304-309 (2011)
◎ Evangelista, M. C, et al. Facial expressions of pain in cats: the development and validation of a Feline Grimace Scale. Sci. Rep, 9, 19128 (2019)
◎ MacEwen, E. G, et al. Prognostic factors for feline mammary tumors. J. Am. Vet. Med. Assoc. 185, 201-204 (1984)
◎ Overley, B., Shofer, F. S., Goldschmidt, M. H., Sherer, D. & Sorenmo, K. U. Association between ovariohysterectomy and feline mammary carcinoma. J. Vet. Intern. Med. 19, 560-563 (2005)
◎ Lewis, S. J. & Heaton, K. W. Stool form scale as a useful guide to intestinal transit time. Scand. J. Gastroenterol. 32, 920-924 (1997)
◎ Benjamin, S. E. & Drobatz, K. J. Retrospective evaluation of risk factors and treatment outcome predictors in cats presenting to the emergency room for constipation. J. Feline Med. Surg, 22, 153-160 (2020)
◎ Norsworthy, G. D, et al. Prevalence and underlying causes of histologic abnormalities in cats suspected to have chronic small bowel disease: 300 cases (2008-2013). J. Am. Vet. Med. Assoc. 247, 629-635 (2015)

■ p.91 「반려인이 할 수 있는 고양이 질병 예방을 실천하자」
◎ Teng, K. T., McGreevy, P. D., Toribio, J.-A. L. M. L. & Dhand, N. K. Positive attitudes towards feline obesity are strongly associated with ownership of obese cats. PLoS One 15, e0234190 (2020)
◎ Shoelson, S. E., Herrero, L. & Naaz, A. Obesity, inflammation, and insulin resistance. Gastroenterology 132, 2169-2180 (2007)
◎ Larsen, J. A. Risk of obesity in the neutered cat. J. Feline Med. Surg, 19, 779-783 (2017)
◎ Finch, N. C., Syme, H. M. & Elliott, J. Risk Factors for Development of Chronic Kidney Disease in Cats. J. Vet. Intern. Med. 30, 602-610 (2016)
◎ 徳本一義,「猫における水⋯分摂取の重要性」,『ペット栄養学会誌』16, 96-8 (2013)
◎ Grant, D. C. Effect of water source on intake and urine concentration in healthy cats. J. Feline Med. Surg, 12, 431-434 (2010)
◎ Robbins, M. T, et al. Quantified water intake in laboratory cats from still, free-falling and circulating water bowls, and its effects on selected urinary parameters. J. Feline Med. Surg, 21, 682-690 (2019)

■ p.98 「반려묘의 목숨이 달린 SOS 사인을 놓치지 않는다」
◎ 高柳ら,「猫の尿管結石 27 例」,『日獣会誌』65, 209-15(2012)

【제 3 장 실내 환경】

■ p.110 「고양이는 인간이 아니다」라는 인식 , 가족이기에 더욱 중요하다」⇒ 실내 환경 정비 가이드라인
◎ Bradshaw, J. Cat Sense: The Feline Enigma Revealed. (Penguin UK, 2013).
◎ Ellis, S. L, H. et al. AAFP and ISFM feline environmental needs guidelines. J. Feline Med. Surg, 15, 219-230 (2013)

■ p.111 「방안을 내려다볼 수 있는 높은 장소」는 심신의 건강과 직결된다」
◎ Kim, Y., Kim, H., Pfeiffer, D. & Brodbelt, D. Epidemiological study of feline idiopathic cystitis in Seoul, South Korea. J. Feline Med. Surg, 20, 913-921 (2018)

■ p.113 「숨숨집」이 있는 것만으로도 고양이가 더욱더 안심한다」
◎ Buckley, L. A. & Arrandale, L. The use of hides to reduce acute stress in the newly hospitalised domestic cat (Felis sylvestriscatus). Veterinary Nursing Journal 32, 129-132 (2017)
◎ van der Leij, W. J. R., Selman, L. D. A. M., Vernooij, J. C. M. & Vinke, C. M. The effect of a hiding box on stress levels and body weight in Dutch shelter cats; a randomized controlled trial. PLoS One 14, e0223492 (2019)

■ p.115 「스크래치 욕구는 충분히 채워주자」
◎ Martell-Moran, N. K., Solano, M. & Townsend, H. G. Pain and adverse behavior in declawed cats. J. Feline Med. Surg. 20, 280-288 (2018)
◎ Zhang, L., Plummer, R. & McGlone, J. Preference of kittens for scratchers. J. Feline Med. Surg, 21, 691-699 (2019)
◎ Zhang, L. & McGlone, J. J. Scratcher preferences of adult inhome cats and effects of olfactory supplements on cat scratching. Appl. Anim. Behav. Sci. 227, 104997 (2020)
◎ DePorter, T. L. & Elzerman, A. L. Common feline problem behaviors: Destructive scratching. J. Feline Med. Surg. 21, 235-243 (2019)

◎ Wilson, C. et al. Owner perceptions regarding cat scratching behavior: an internet-based survey. J. Feline Med. Surg. 18, 791-797 (2016)

■ p.122「화장실 환경이 나쁘면 오로질환의 위험도 커진다.」
◎ Carney, H. C. et al. AAFP and ISFM Guidelines for diagnosing and solving house-soiling behavior in cats. J. Feline Med. Surg. 16, 579-598 (2014)
◎ McGowan, R. T. S., Ellis, J. J., Bensky, M. K. & Martin, F. The ins and outs of the litter box: A detailed ethogram of cat elimination behavior in two contrasting environments. Appl. Anim. Behav. Sci. 194, 67-78 (2017)
◎ Cottam, N. & Dodman, N. H. Effect of an odor eliminator on feline litter box behavior. J. Feline Med. Surg. 9, 44-50 (2007)
◎井上弘、猫が好むトイレ用砂（猫砂）およびトイレ容器の大きさに関する検討、第16回日本獣医内科学アカデミー学術大会 (2020)
◎ Beugnet, V. V. & Beugnet, F. Field assessment in singlehoused cats of litter box type (covered/uncovered) preferences for defecation. J. Vet. Behav. 36, 65-69 (2020)
◎ Hornfeldt, C. S. & Westfall, M. L. Suspected bentonite toxicosis in a cat from ingestion of clay cat litter. Vet. Hum. Toxicol. 38, 365-366 (1996)
◎ Horwitz, D. F. Behavioral and environmental factors associated with elimination behavior problems in cats: a retrospective study. Appl. Anim. Behav. Sci. 52, 129-137 (1997)
◎ライオン商事「ニオイをとる砂」猫カフェ実験 (https://www.lion-pet.jp/catsuna/product/)

■ p.134「다묘는 신중하게 생각하자.」→ 분리불안
◎ de Souza Machado, D., Oliveira, P. M. B., Machado, J. C., Ceballos, M. C. & Sant' Anna, A. C. Identification of separationrelated problems in domestic cats: A questionnaire survey. PLoS One 15, e0230999 (2020)
◎ Desforges, E. J., Moesta, A. & Farnworth, M. J. Effect of a shelffurnished screen on space utilisation and social behaviour of indoor group-housed cats (Felis silvestris catus). Appl. Anim. Behav. Sci. 178, 60-68 (2016)

■ p.141「고양이와 대피하기，지금 당장 가능해야 한다.」
◎環境省「熊本地震における被災動物対応記録集」
◎環境省「災害時におけるペットの救護対策ガイドライン」
◎環境省「災害、あなたとペットは大丈夫？人とペットの災害対策ガイドライン＜一般飼い主編＞」

【제 4 장 최신 연구와 고양이 잡학】

■ p.154「신약'AIM'이 신장병에 효과적이다？」
◎医学書院【対談】ネコと腎臓病とAIM研究 (https://www.igakushoin.co.jp/paper/archive/y2020/PA03357_01)
◎ Sugisawa, R. et al. Impact of feline AIM on the susceptibility of cats to renal disease. Sci. Rep. 6, 35251 (2016)

■ p.156「고양이 전염성 복막염 치료 약 'GS-441524'」
◎ Pedersen, N. C. et al. Efficacy and safety of the nucleoside analog GS-441524 for treatment of cats with naturally occurring feline infectious peritonitis. J. Feline Med. Surg. 21, 271-281 (2019)

■ p.160「고양이 알레르기를 줄여주는 백신과 고양이 사료」
◎ Thoms, F. et al. Immunization of cats to induce neutralizing antibodies against Fel d 1, the major feline allergen in human subjects. J. Allergy Clin. Immunol. 144, 193-203 (2019)
◎ Satyaraj, E., Gardner, C., Filipi, I., Cramer, K. & Sherrill, S. Reduction of active Fel d1 from cats using an antiFel d1 egg IgY antibody. Immun Inflamm Dis 7, 68-73 (2019)

■ p.161「쪼그려 앉기」는 관절염 통증을 피하기 위한 고육지책」
◎ Fujiwara-Igarashi, A., Igarashi, H., Hasegawa, D. & Fujita, M. Efficacy and Complications of Palliative Irradiation in Three Scottish Fold Cats with Osteochondrodysplasia. J. Vet. Intern. Med. 29, 1643-1647
◎ Gandolfi, B. et al. A dominant TRPV4 variant underlies osteochondrodysplasia in Scottish fold cats. Osteoarthritis Cartilage 24, 1441-1450 (2016)

■ p.163「만일을 위해 꼭 알아두어야 할 고양이의 혈액형」
◎ JAXA ネコ用人工血液を開発＝動物医療に貢献、市場は世界規模＝ (https://www.jaxa.jp/press/2018/03/20180320_albumin_j.html)
◎ Yokomaku, K., Akiyama, M., Morita, Y., Kihira, K. & Komatsu, T. Core-shell protein clusters comprising haemoglobin and recombinant feline serum albumin as an artificial O2 carrier for cats. J. Mater. Chem. B Mater. Biol. Med. 6, 2417-2425 (2018)

■ p.166「고양이도 주로 쓰는 발이 있다!?」
◎ McDowell, L. J., Wells, D. L. & Hepper, P. G. Lateralization of spontaneous behaviours in the domestic cat, Felis silvestris. Anim. Behav. 135, 37-43 (2018)
◎ McDowell, L. J., Wells, D. L., Hepper, P. G. & Dempster, M.Lateral bias and temperament in the domestic cat (Felis silvestris). J. Comp. Psychol. 130, 313-320 (2016)
◎ Wells, D. L. & McDowell, L. J. Laterality as a Tool for Assessing Breed Differences in Emotional Reactivity in the Domestic Cat, Felis silvestris catus. Animals (Basel) 9, (2019)

■ p.169「고양이도 꿈을 꿀까？」
◎ Jouvet, M. The states of sleep. Sci. Am. 216, 62- passim (1967)

■ p.171「창밖에 있는 새를 향해 "깍깍깍깍…" 은 울음소리 흉내？」→ 마게이 (Margay) 부분
◎ de Oliveira Calleia, F., Rohe, F. & Gordo, M. Hunting Strategy of the Margay (Leopardus wiedii) to Attract the Wild Pied Tamarin (Saguinus bicolor). Neotropical Primates 16, 32-34 (2009)

■ p.172「고양이에게 반려인은 '어미 고양이' 같은 존재.」
◎ Vitale Shreve, K. R., Mehrkam, L. R. & Udell, M. A. R. Social interaction, food, scent or toys? A formal assessment of domestic pet and shelter cat (Felis silvestris catus) preferences. Behav. Processes 141, 322-328 (2017)
◎ Vitale, K R, Behnke, A. C. & Udell, M. A. R. Attachment bonds between domestic cats and humans. Curr. Biol, 29, R864-R865 (2019)
◎ナショナルジオグラフィック：ネコは飼い主をネコだと思っている？ (https://natgeo.nikkeibp.co.jp/neg/article/20141215/428394/)
◎ Nicastro, N. Perceptual and Acoustic Evidence for Species-Level Differences in Meow Vocalizations Produced by Domestic Cats (Felis catus and African Wild Cats (Felis silvestris lybica). J. Comp. Psychol. (2004)

■ p.175「고양이가 주는 '애정 표현' 을 체크하자.」
◎ Bennett, V., Gourkow, N. & Mills, D. S. Facial correlates of emotional behaviour in the domestic cat (Felis catus). Behav. Processes 141, 342-350 (2017)
◎ Tasmin, H., Leanne, P. & Jemma, F. The role of cat eye narrowing movements in cat-human communication. Sci. Rep. (2020)

【제 5 장 고양이를 더욱 많이 행복하게 하는 Q&A 모음】

■ p.198「Q.2」
◎ Pratsch, L. et al. Carrier training cats reduces stress on transport to a veterinary practice. Appl. Anim. Behav. Sci. 206, 64-74 (2018)

■ p.202「Q.5」
◎絢奈杉本、小百合本元 & 玄二菅村．「右に首を傾げると疑い深くなる一頭部の角度が対人認知、リスクテイキングおよび批判的思考に及ぼす影響一」．『実験社会心理学研究』55, 150-60 (2016)

■ p.205「Q.7」
◎ Stelow, E. A., Bain, M. J. & Kass, P. H. The Relationship Between Coat Color and Aggressive Behaviors in the Domestic Cat. J, Appl. Anim. Welf. Sci, 19, 1-15 (2016)
◎ Delgado, M. M., Munera, J. D. & Reevy, G. M. Human Perceptions of Coat Color as an Indicator of Domestic Cat Personality. Anthrozoös 25, 427-440 (2012)

■ p.207「Q.8」
◎ Gordon, J. K., Matthaei, C. & van Heezik, Y. Belled collars reduce catch of domestic cats in New Zealand by half. Wildl. Res. 37, 372-378 (2010)

■ p.209「Q.9」
◎ Huang, L. et al. Search Methods Used to Locate Missing Cats and Locations Where Missing Cats are Found. Animals (Basel) 8, (2018)

■ p.211「Q.10」
◎ Xu, X. et al. Whole Genome Sequencing Identifies a Missense Mutation in HES7 Associated with Short Tails in Asian Domestic Cats. Sci. Rep . 6, 31583 (2016)
◎ Gordon, J. K., Matthaei, C. & van Heezik, Y. Belled collars reduce catch of domestic cats in New Zealand by half. Wildl. Res. 37, 372-378 (2010)

■ p.214「Q.12」
◎ Mystery solved? Why cats eat grass. Plants & Animals. Science. (https://www.sciencemag.org/news/2019/08/mystery-solved-why-cats-eat-grass)

■ p.226「Q.19」
◎ Cooley, C. M., Quimby, J. M., Caney, S. M. & Sieberg, L.G. Survey of owner subcutaneous fluid practices in cats with chronic kidney disease. J. Feline Med. Surg. 20, 884-890 (2018)

건강한 고양이부터 아픈 고양이까지,
영양·검진·생활환경·행동학 등에서 최신 연구를 담은!

고양이 집사 매뉴얼

초판 1쇄 발행 2022년 2월 17일
초판 4쇄 발행 2024년 7월 12일

지은이 수의사 냥토스
그린이 오키에이코
옮긴이 박제이

대표 장선희 **총괄** 이영철
기획편집 현미나, 한이슬, 정시아, 오향림
책임디자인 최아영 **디자인** 양혜민
마케팅 최의범, 김경률, 유효주, 박예은
경영관리 전선애

펴낸곳 서사원 **출판등록** 제2023-000199호
주소 서울시 마포구 성암로 330 DMC첨단산업센터 713호
전화 02-898-8778 **팩스** 02-6008-1673
이메일 cr@seosawon.com
네이버 포스트 post.naver.com/seosawon
페이스북 www.facebook.com/seosawon
인스타그램 www.instagram.com/seosawon

ⓒ수의사 냥토스, 2022

ISBN 979-11-6822-041-6 13490

- 이 책은 저작권법에 따라 보호를 받는 저작물이므로 무단 전재와 무단 복제를 금지합니다.
- 이 책 내용의 전부 또는 일부를 이용하려면 반드시 저작권자와 서사원 주식회사의 서면 동의를 받아야 합니다.
- 잘못된 책은 구입하신 서점에서 바꿔드립니다.
- 책값은 뒤표지에 있습니다.

서사원은 독자 여러분의 책에 관한 아이디어와 원고 투고를 설레는 마음으로 기다리고 있습니다.
책으로 엮기를 원하는 아이디어가 있는 분은 이메일 cr@seosawon.com으로 간단한 개요와 취지,
연락처 등을 보내주세요. 고민을 멈추고 실행해 보세요. 꿈이 이루어집니다.

냥토스 @nyantostos

▶ 수의사 냥토스의 고양이 토막 상식 ◀

[고양이와 놀기]

고양이에게 레이저 포인터 등 '빛을 사용한 놀이'는 스트레스의 원인이 될 수 있습니다. 설문 조사를 바탕으로 한 최신 연구에 따르면 고양이가 레이저 포인터로 놀이한 빈도와 이상 행동(강박성 장애) 사이에 유의한 관련이 인정되었습니다. 즉, '잡을 수 없어 받는 스트레스'가 쌓여 이상 행동의 트리거가 된 것입니다. 반려인과 고양이의 관계를 망가뜨릴 만큼 큰 문제가 된 적은 드물었던 듯합니다만, 고양이가 스트레스를 느낀다면 사용하지 않는 편이 좋겠네요.

한편, 불규칙하게 움직이는 레이저 포인터의 빛이 고양이의 사냥 본능을 자극하는 것은 확실하니 괜찮은 장난감이라고 추천하는 전문가도 있습니다. 다만 그래도 놀이 마지막에는 간식이나 솜인형 등으로 '사냥감을 잡는 행동'으로 유도해 놀이를 끝내는 것이 필수라고 합니다.

이처럼 고양이의 기분을 이해하기 위해 지금도 많은 행동 학자가 노력하고 있답니다!

냥토스 @nyantostos

▶ 수의사 냥토스의 고양이 토막 상식 ◀

[고양이의 식사]

고양이가 밥을 자주 질려 하는 것은 사실 육식 동물의 습성으로 정상적인 행동입니다. 야생 고양이는 살아남기 위해 다양한 먹이를 먹어야 했는데요. 그 때문에 '새로운 것이 먹고 싶다'라는 욕구가 강하게 남아 있습니다. 이러한 습성을 '네오필리아(Neophilia)'라고 합니다. 그러니 반려인은 고양이의 식사로 바삭바삭한 것과 축축한 것을 골고루 잘 준비해주세요.

반면 익숙하지 않은 환경이나 스트레스를 느끼고 있을 때는 반대로 새로운 식사를 피하고 익숙한 식사를 선호하는 '네오포비아(Neophobia)' 습성이 나타날 수 있습니다. 그러니 동물병원 입원이나 이사 등 고양이가 불편한 환경에서의 식사 전환은 되도록 피해야 합니다.

고양이는 색맹이라 착색료는 불필요한 성분입니다. 오히려 인간에게 '더 맛있어 보이게' 해 구매욕을 부추기지요. 실제로 착색료가 든 고양이 식품 대부분이 짠맛이 강합니다. 함량이 규정되어 있으니 건강을 해치지는 않겠지만, 고양이에게는 아무런 득이 없다는 점을 반려인이라면 기억해주세요!